高校体育人文素质发展探究

栾永鑫 王淑沛 马振华 著

中国纺织出版社有限公司

图书在版编目（CIP）数据

高校体育人文素质发展探究 / 栾永鑫，王淑沛，马振华著. -- 北京：中国纺织出版社有限公司，2024.7.
ISBN 978-7-5229-2010-8

I. G807.4

中国国家版本馆 CIP 数据核字第 2024G1B328 号

责任编辑：张　宏　　责任校对：王蕙莹　　责任印制：储志伟

中国纺织出版社有限公司出版发行
地址：北京市朝阳区百子湾东里 A407 号楼　邮政编码：100124
销售电话：010—67004422　传真：010—87155801
http://www.c-textilep.com
中国纺织出版社天猫旗舰店
官方微博 http://weibo.com/2119887771
河北延风印务有限公司印刷　各地新华书店经销
2024 年 7 月第 1 版第 1 次印刷
开本：710×1000　1/16　印张：14.75
字数：189 千字　定价：98.00 元

凡购本书，如有缺页、倒页、脱页，由本社图书营销中心调换

PREFACE 前言

今天的体育,不仅是满足人民健身需求的手段,还是促进人的全面发展的重要路径。从关注体育到参与体育、享受体育,我们在体育的欣赏中获得精神的愉悦,在体育的参与中获得素质的提升,在体育的实践中获得人生的体验。体育的生活化、体育的大众化、体育的产业化等正在改写着人们长期以来对体育的狭隘认知,不断地放大体育的价值和功能,张扬着体育的文化魅力。

体育教育是随着人类社会的不断发展而逐步建立和完善的,作为人类所特有的一种社会活动形式,它是社会文化的重要组成部分,也体现了人类在对客观世界进行改造过程中的文明发展程度。在世界全球化发展的背景下,体育也进入了全球化的时代,并且逐渐发展成为人们社会生活中不可缺少的部分。体育教育的发展和繁荣同人们的生活有着非常密切的关系,人们对于体育教育的关注和参与也变得日趋频繁。

本书共七章,第一章为体育教育的基本理论阐述;第二章为体育学视域下人的全面发展的理论维度;第三章为高校体育教育人文精神的价值;第四章为基于身体素养的高校体育教育价值生态;第五章为高校体育从"体教结合"到"体教融合"的发展转变;第六章为体育教师人文素质对学生的影响及培养路径;第七章为新时代体育教育的生活化推进。

本书为教育部人文社会科学研究专项任务项目(高校辅导员研究):习近平关于体育的重要论述融入高校思想政治教育研究(课题号:23JDSZ3077)研究成果。

本书在写作过程中引用和参考了一些国内外专家和学者的研究成果,在此向他们表示诚挚的谢意。由于笔者的水平有限,书中难免有疏漏之处,恳请广大读者和专家批评指正。

著者
2024 年 1 月

CONTENTS 目录

第一章　体育教育的基本理论阐述 …………………………… 1
 第一节　体育教育的定义 ………………………………………… 1
 第二节　体育教育的基本结构 …………………………………… 15
 第三节　体育教育的现实意义 …………………………………… 30
 第四节　体育教育与其他形式教育的内在联系 ………………… 38
 第五节　体育教育与其他形式体育的关系 ……………………… 47

第二章　体育学视域下人的全面发展的理论维度 …………… 59
 第一节　体育哲学维度 …………………………………………… 59
 第二节　体育人类学维度 ………………………………………… 63
 第三节　体育社会学维度 ………………………………………… 71
 第四节　体育历史学维度 ………………………………………… 82
 第五节　体育文化学维度 ………………………………………… 92
 第六节　体育的教育学维度 ……………………………………… 100

第三章　高校体育教育人文精神的价值 ……………………… 107
 第一节　高校体育人文精神缺失的原因分析 …………………… 107
 第二节　高校体育人文精神的内涵诠释 ………………………… 113
 第三节　高校体育人文精神的价值取向 ………………………… 122
 第四节　高校体育教育中的人文素质教育反思 ………………… 131
 第五节　"中国梦"时代高校体育人文精神的构建与培养 …… 135

第四章 基于身体素养的高校体育教育价值生态 ……… 139
第一节 新媒体时代人才培养中的身体素养 ……… 139
第二节 体育教育价值结构生态 ……… 141
第三节 体育教育价值逻辑生态 ……… 146

第五章 高校体育从"体教结合"到"体教融合"的发展转变 …… 151
第一节 "体教结合"的形成溯源 ……… 151
第二节 "体教结合"发展新方向——"体教融合" ……… 169
第三节 我国"体教融合"转变方略 ……… 174

第六章 体育教师人文素质对学生的影响及培养路径 ……… 189
第一节 体育教师人文素质对学生的影响 ……… 189
第二节 体育教师人文素质培养的重要性 ……… 191
第三节 体育教师人文知识水平与人文精神现状分析 …… 195
第四节 体育教师人文素质的培养路径 ……… 205

第七章 新时代体育教育的生活化推进 ……… 215
第一节 生活体育理念的内涵及价值表征 ……… 215
第二节 新时代生活体育的实践 ……… 219
第三节 新时代高校体育生活化推进路径 ……… 222

参考文献 ……… 229

第一章 体育教育的基本理论阐述

第一节 体育教育的定义

作为教育界里一个重要的分支——体育教育,它自诞生之日起就注定了将永远都摆脱不了教育的影响与约束。只有在成熟的教育理论影响下,才能对体育教育有充分的认识,准确理解体育教育的概念是对其分支领域进行深度研究的基础。

一、教育的概念

(一)中外教育家对"教育"的见解

《中庸》中提到:"修道之谓教。"《学记》中说:"教也者,长善而救其失者也。"《荀子·修身》中解说为:"以善先人者谓之教。"东汉许慎在其所著《说文解字》中说:"教,上所施,下所效也。""育,养子使作善也。"这里的"教"指的是教育者的教诲和受教育者的效法,"育"是指使受教育者向好的方向发展。

卢梭认为:"教育应当依照儿童自然发展的程序,培养儿童所固有的观察、思维和感受的能力。"杜威认为"教育即生长""教育即改造""学校即社会";教育是生活的过程,而不是将来生活的预备,"教育是经验的改造或改组"。斯宾塞认为教育的目的应该是"为未来美好的生活做准备"。裴斯泰洛齐认为"教育的目的在于全面和谐地发展人的一切天赋力量和能力"。夸美纽斯则认为:"假如要去形成一个人,那便必须由教育去完成。教育在于培养和谐发展的人"。可见在西方,"教育"一词具有引导帮助儿童发展的含义,在一定程度上揭示了教育是"培养人的活动"这一本质属性。

(二)"教育"的定义

为了不让人们对"教育"概念有所误解,给"教育"进行科学地定义是非常重要的。在教育学界,关于教育的定义有很多种,可谓是"仁者见仁,智者见智"。有从广义的角度给教育下定义的,也有从狭隘的角度给教育下定义的。

目前学术界更倾向于认为:教育是有意识的、以积极影响人的身心发展为直接和首要目标的、促使个体社会化和社会个性化的社会实践活动。这个定义首先描述了"教育"的实践特性,即教育这个概念首先是指某一类型的社会实践活动,而不是纯粹的理念。其次,有意识地积极影响人的身心发展,区别于像盗窃团伙的师徒学艺。盗窃团伙的师徒授受虽可谓是有意识、有目的的,但不能积极影响人的身心发展。虽此举仍为"培养"人,但这些做法与教育目的是相悖的,是为"真正的教育"所不容的。最后,个体的社会化是指把人培养成满足社会需要的人,社会的个性化是指把社会文化等传承到不同的人身上,以期形成独特的个性心理结构。这两个过程是互为前提、密不可分的。

二、体育教育的概念

(一)体育教育概念的回顾

"体育就是体育教育,体育教育就是体育"的时期已经成为历史。今天,通过对这样一个时期的回顾,我们不仅可以更清晰地对体育教育和体育加以区分,更可以在深入了解体育内涵的基础上准确地定义体育教育。

1. 体育的内涵

通过翻阅以往的资料分析，我国古代是没有"体育"这个名词的。"physical education"这个英语单词大约成型于19世纪后半期。据考查是从18世纪60年代的法语"education physique"转化来的，大约在19世纪70年代传入日本。在日本，该词有的译作"体育教育"，有的翻译为"关于身体的教育"等，以后确定为"体育"。1896年上海南洋公学师范学院附属小学的《蒙学读本》首次提出："泰西之学，其旨万端，而以德育、智育、体育为三大纲。""体育者，卫生之事也。"大约在1922年我国学校才以"体育"取代"体操"，从此"体育"便成为我国文化的一项新活动。

为了澄清观念，达成共识，中外学者对体育的概念问题做了大量的研究。虽然在1963年成立了世界范围内的"统一体育术语国际研究会"，但至今还没有在体育概念问题上取得一致的看法。虽然我们无法从众多体育概念的界定中得出关于体育的清晰、准确而完整公认的定义，但是我们应该认识到，对体育概念一百多年来的探讨（从1840年德国体操家施匹斯出版的《体操术语的概念》一书开始）之所以难以准确一致，其原因恐怕不在于人们的探讨方法不对，而是由于体育概念本身就是一个发展的过程。正如有关学者所说"理论是在争鸣中发展的，学术是在讨论中进步的，任何一个人都不要奢望提出一个'放之四海而皆准'的体育概念"。体育成型于学校教育，体育是教育的一个重要组成部分，是动的教育，并非仅限于身体的教育。它是以各种方式的身体活动为方法，来完成教育目的的。

对近年体育界有关体育概念的论述进行分析，大致可以将其分为三个阶段：

第一阶段，确立体育是教育的组成部分（20世纪70年代后期—80年代初期）。

第二阶段，确立体育是文化的组成部分（20世纪80年代中后期）。

第三阶段，确立了人的发展与社会发展在体育中具有高度的同一性(20世纪90年代初期至今)。

如今清晰、准确而完整公认的定义是:体育是以身体活动为媒介,以谋求个体身心健康,全面发展为直接目的,并以培养完善的社会公民为终极目标的一种社会文化现象或教育过程。

2. "体育教育"的本源

"体育教育"一词,早在20世纪30年代就曾有人使用过,后来也曾有人继续使用,由于受当时人们对体育认识的局限性和社会条件的制约,所以一直未能通用。50年代,我国体育理论界虽进行过"体育"名词概念的讨论和研究,但是一直没有解决"体育"与"体育教育"两个词混用的问题,在相当长的一段时间里"体育"与"体育教育"都是混用的。直到80年代末,"体育教育"一词才正式被用于国家教委颁布的法规性文件中。

从"体育教育"一词出现至今,人们通过对"体育教育"不断地深入研究得知"体育教育"经过了与"体育"的混用时期,以及对"体育教育"的深入研究探讨阶段,一直到现在学术界对体育教育理论研究的相对成熟阶段。学者们对于"体育教育"概念的问题也从不同的角度、不同的历史时期提出了自己不同的解说。

归纳有关论述"体育教育"概念的材料,主要得出以下论述:

体育教育就是传授体育知识、技能、技巧的教育。

体育教育就是接受政治教育和军事教育。

体育教育特指身体教育,是以发展身体、增强体质为主要任务的教育。

体育教育是以身体活动为媒介,增强体质、传授锻炼身体的知识、技能、技术,以培养道德和意志品质为目的的有计划的教育过程,是组成教育的一部分,是培养全面发展人才的重要方面。

体育教育是对学生进行身体锻炼的教育,是指导学生增强体质,掌握体育知识、技术技能,培养学生思想品德的活动。它的内涵是有目的、有计划、有组织地促进学生身体全面健康发展。

(二)体育教育概念的划分

由于受社会的制度、文化历史的背景、经济发展的水平及体育教育的观念等多方面的制约,国内外关于体育教育概念的争论经久不息。所以,要探讨体育教育的概念问题,就要从体育教育本质中的教育方面和社会方面分析其定义。

1. 体育教育的教育特性

体育教育一直是教育不可缺少的一部分,体育教育主要是对学生身体方面施加一定影响的教育过程。体育教育是全面发展教育的组成部分,它具有教育性、教养性、发展性相统一的多质性。

体育教育以学生身体活动(运动)为根本特征,区别于学校中的德育过程和智育过程,它主要以身体教育或透过身体教育的角度来实现马克思历史观念中的人的全面发展。

体育教育是一个培养人和教育人的过程,它以其独特的形式——身体活动来达到培养全面发展人的目的。体育教育在全面发展教育中的地位和作用,必须从实现育人的目的出发,全面理解教育是以育人为目的,通过德、智、体、美几个不同的教育形式来呈现的;是一项育人系统工程,各个子系统在自己特定的文化形态下施教于对象时均以育人为出发点和目的。从全面发展的观念出发,教育包括德、智、体、美几个方面。但全面发展不等于德育+智育+体育+美育,如果各自以自己一方面为目的,如德育以德为目的,智育以智为目的,体育以体为目的,那么尽管有全面发展的教育方针,也不能培养出全面发展的人。因此,各科教育(包括体育科在内)必须相辅相成,这样的过程才能称为教育过程。就是说,教育寄托于体育教育的不只是锻炼身体,而是通过体育实施全面发展教育。体育教育本身也具备这种条件。

2. 体育教育的社会特性

体育教育为一定社会的政治、经济、文化所制约,同时体育教育还受制于教育目的、任务,为培养一定社会所需要的人才服务。

从体育教育的产生与发展过程中,可以明显地看出体育教育受一定社会的政治经济的影响和制约,并为一定社会的政治经济服务。例如,古希腊斯巴达的教育制度偏重于军事和体育训练,他们所追求的目的是:"绝对服从,承受艰难困苦,打仗和征服别人。"因而斯巴达人要接受严格、残忍的军事训练,并通过全面、多样的"五项竞技"(角力、赛跑、跳远、掷铁饼、掷标枪)等体育教育,来培养青少年一代的尚武精神,为战争服务。

文艺复兴之后的资产阶级教育,把体育教育视为为资产阶级侵略扩张和掠夺战争服务的工具。例如,教育家洛克(1632—1707年)的"小绅士"教育中,要求儿童饮食要清淡、睡眠要充足,早睡早起;多做户外活动,洗冷水浴,会游泳;要忍苦耐劳,能适应各种气候的变化,要禁酒和禁用烈性饮料。洛克认为一个绅士的体格应锻炼得必要时能拿起武器去当兵。

现代体育教育更加引起世界各国的重视,许多国家相继修改和补充了体育教学大纲,加强与改革体育教育,提高体育教育的地位,加强师资队伍的建设,投入一定的物力和财力,促进了体育教育的发展。苏联于1984年对学校体育教育提出了新要求,并进行了一系列的改革,从1985年开始制定和颁布了新的体育综合教学大纲,并采取了相应的措施。他们认为,在成长的一代人中,进一步发展体育运动是一项迫切的任务。进而指出:"通过科学的调查和分析,证实了只有通过身体练习、运动和旅行的系统锻炼,才能最有效地抵御科技革命对体育运动所造成的不良后果,并以最好的方法增进人的身体健康,培养人们担负起高强度生产劳动和保卫祖国的职责。"

综上所述,一定社会时期的体育教育,是通过对学生身体方面施加一定影响的教育,并培养一定社会所需的健康体魄和具有一定道德意志品质的人,既能培养一定社会和阶级所需要的人才服务,又能增强身体健康、提高心理健康水平、增强社会适应能力。由此我们可以得出,体育教育是指在人类社会发展过程中,根据生产和生活的需要,遵循人体的生长发育规律,以身体练习为基本手段,以增强体质、促进人的身心全面发展为目标而进行的一种有意识、有目的、有目标的身体教育过程。

三、体育教育及相关概念

(一)学校的体育

1. 学校体育概念及特征

学校体育是学校教育极为重要的一个环节,它是关于身体运动的教育,是学生德、智、美、体全面发展的重要一环,但并非仅限于身体的运动(活动)教育。

学校体育是通过身体运动进行的教育,目的是促进学生身体的完善,并为他们终身从事身体运动奠定基础。学校体育并不是单纯的体育教育或竞技运动,它是在教育的前提下,以增强体质为核心的综合体,既有体育教育又有竞技教育。从其各项工作的本质意义上看,它既能增强体质又有娱乐功能,同时还包括两者相互的交叉环节——娱乐健身。但这不是所谓的"大体育"观,诸项工作都有各自的目标、性质、途径。

学校体育是各级各类学校中体育运动的总称,以体育课为基本组织形式,包括体育、早操、课间操、眼保健操、课外体育活动、课余训练和校外体育竞赛等方面,学校体育的特点是注重教育因素,通过体育活动培养和塑造德、智、体、美等方面的人才。

学校体育是我国教育的一个重要方面,是按照我国教育方针的要求,以体育运动的形式,有目的、有计划、有组织地对受教育者的身体方面施加一定的影响,为培养合格人才服务的一种教育过程。简言之,学校体育是通过影响学生身体来培养合格人才的教育过程。

近年来,随着人们体育观念的转变,我国学校体育教学已开始走出单纯传授技术的误区,更加注重培养学生对体育的态度、理念、兴趣及体育参与意识和自觉进行锻炼的习惯。因此,我国学校体育在内容、方法和形式上出现了较多的调整,并呈现出全新的形态、全新的特点。

(1)学校体育是培养终身体育的关键因素

当今社会快速的发展,体力劳动逐渐减少,脑力劳动逐渐增加,人们的闲暇时间更少,同时现代文明又对健康问题产生了一系列负面影响,如绿色食品的减少、环境的恶化、生活节奏的加快等,都使人们倍感身心疲惫;为了适应现代生活方式,为了有更健康的体魄,人们需要不断进行体育锻炼,提高个体适应环境的能力,终身体育观应运而生。

终身体育是指人们一生所进行的体育锻炼和接受体育教育的总和,它包括学前体育、学校体育和学校后体育这样一个连续衔接的过程。学前体育和学校后体育是一种无组织、无计划的体育锻炼,它的实施主要是依靠人们的自觉和个体的需要来进行的。这种自觉意识很大程度上是在学校体育阶段形成的。因此说,学校体育是终身体育观形成的关键期。

(2)学校体育在向快乐体育转化

近年来,随着我国经济的蓬勃发展,人们越来越注重素质教育,以至于将素质教育渗透到各个学科中,培养学生的创新精神、创新能力成为学科教学的主旨。学校体育也开始科学教学,重视学习者的需要,以学习者的兴趣为教学的主要着眼点,根据受教育者身心发展的特点,承认他们的差异性,开展丰富多彩的游戏、娱乐项目,并将学习的内容与他们的实际生活联系起来,让学生在开心、愉悦、放松的心理状态下完成教学内容,达到增强体质、增进健康的目的,这就是快乐体育。它重视运动与生活的相互联系,体现个性,强调让学生快乐地、积极地参与到锻炼身体的行列中。当然,快乐教育并不是让教育者用片面的教育方式来满足学生的需求,只是引发学生的兴趣而丝毫不考虑实用性强、锻炼价值高的项目,而是将二者统一起来,让学生既有兴趣的同时又达到了快乐教育的目的。

(3)树立"健康第一"的观念成为体育教学的主要目标之一

培养学生的健康观是为其终身健康观的形成打基础。目前资料显示青少年的健康状况不容乐观,尤其是近几年随着我国经济突飞猛进的发展,人民生活水平的不断提高,一些对健康的负面影响也日趋严重,如儿童患近视眼的比例逐渐增加、城市肥胖儿童的数量持续增长等。同时不正确的健康观长期伴随着人们的思想,使人们的卫生保健意识薄弱,因此必须提高全民"健康第一"的认识。学校教育尤其是学校体育应承担起健康教育的重任。在体育课中渗透正确的健康观,进行行之有效的体育锻炼,可达到学生身体健康的目的,让他们有一个健康的体魄,增加抵抗疾病、适应环境的能力。同时通过有组织的集体锻炼,还可使学生之间互相交流、团结协作,培养学生健康稳定的心理素质,并在互相学习中形成健全的人格。

(4)学校体育走向竞技化

现在学校对于体育教育方面存在很多纠结点。例如,体育教育该不该有竞技运动?竞技运动的比重占体育教育的比重有多大?竞技内容应在体育教育里以什么形式呈现给学生?这些问题一直处于争论中。其实体育的最大魅力就在于竞技,现代学校体育也不例外。现代学校体育向竞技化方向发展已成为世界体育的一大热点,对此我们也有所见闻。竞技运动应是一种有规则、有竞争、有娱乐、有目的、有技巧的身体活动。它的挑战性和竞争性使其充满了无穷的魅力。而青年人正处在冒险精神和求知欲望最强烈的时期,竞技恰好很符合青少年这个时期的性格特点,因此学校体育教育绝对不能缺少竞技运动。

学生时代是人一生中最具活力的年龄段,一周几节体育课远远无法满足其身体需要,学校体育可通过开展一些丰富多彩的竞技运动来填充课余体育锻炼的内容。这样不仅可以巩固体育课所学知识,更有利于学生智力的发展。因此,学校体育必须在教学内容和教学方法上做出调整,把握好竞技运动所占的比重,开展形式多样的教学活动,让学生享受竞技体育的快乐。

2. 体育教育与学校体育之间的相互联系

学校体育属于教育范畴,无论在哪种社会条件下,都受该社会的政治、经济、文化教育的影响和制约,并通过培养人才为之服务。学校体育也是运用身体运动、卫生保健等手段,对受教育者施加影响,促进其身心健康发展的有目的、有计划、有组织的教育活动。学校体育与学校德育、智育共同组成完整的学校教育体系,是培养符合社会需要的合格人才的一项基本内容和基本途径。由于社会制度、国家性质和教育目标的不同,各种学校的体育目标也不尽相同。一般有:促进学生身体生长发育、增进健康;使学生掌握一定的锻炼身体的知识、方法;培养学生运动的兴趣、能力、习惯以及良好的品行;发展学生个性。有的国家还将提高运动技术水平和为国防服务作为学校体育目标。中国学校体育的根本目标是通过增强学生的体质,促进其身心健康发展,提高中华民族的身体素质和为社会主义现代化建设培养德、智、体全面发展的建设者和接班人。

体育教育作为社会总文化的组成部分,日益受到社会的重视,教育也必定将其作为重要的教育内容,学校体育也必定与体育运动产生密切的联系,以体育运动的形式作为教育学生的手段,为培养合格的人才服务。体育教育的发展和体育科学的建立,尤其是体育运动中的各种身体锻炼形式,为我国学校体育提供了科学的方法和手段。一定社会对教育的要求,使教育同其他社会现象、其他社会意识形态有着广泛的联系,教育把人类所建树的一切文化成果都用来培养人才,使受教育者得到多方面的发展。

通过对二者的分析可得出,体育教育其实是学校体育的一部分,是通过身体活动和其他一些辅助性手段进行的有目的、有计划、有组织的教育过程。体育教育的目的恰好和学校体育的目的相符合,所以二者之间的关系是微妙的、是相互联系的,并且是相互促进的。

(二)体育教学

1. 体育教学的概念

体育教学是一个广为人知的术语,在对这个术语的理解上,人们普遍认为它是一个教育过程。然而,体育教学究竟是怎样的一种教育过程,却众说纷纭,存有歧义。也有人认为它是增强学生体质的过程,也有人认为它是传授体育知识和技术的过程等。概念理解上的问题,一直在体育教学的许多环节中有所表现,且每当一种新的教学思想被提出或引入,人们都会重新审视体育教学的内涵。体育教学是体育教师与学生之间的教与学统一的活动,在这个活动中,师生间主要是通过运动技术的传授和掌握来促进学生身心和谐发展的,并使学生具有终身从事身体活动的能力和兴趣。

那么,体育教学的属性顺理成章地应是知识的传习活动,尽管它所传习的是特殊的知识即运动技术。这种传习活动不能由一般教师来主导,它要由具备相应运动技术水平的体育教师来承担。这种传习活动也不以特殊学生为对象。所谓特殊学生如体育专业学生及职业运动员,他们从事活动的性质是专项深造或竞技训练。只有普通学生才有必要按部就班地从简单的运动技术学起,在学校体育课上完成这样一份学业。体育教学主要是在体育教师和普通学生之间展开的运动技术的传习活动。

2. 体育教学的特征

体育教学在"育人"的过程中,有其自身的客观规律和特点,这些规律和特点已被许多体育理论专家所验证。从整体上分析,体育教学具有以下五个明显的特点。

(1)体育教学的实践性

体育教学是实践性极强的教学科目。教师要言传身教,学生要亲自动手、动脑紧跟教师的步骤去实践。在体育教学中,要注重实践性,尤其是学生的主体性,只有充分发挥学生的主体性,才能体现出体育教学的实践性。体育教学中体现学生的主体性,必须从以下两个方面来认识实践:一是整个体育教学过程中,学生处于主体地位,其他要素统一服务于学生这个主体;二是在体育教学过程中教师要积极引导、鼓励学生,激发学生的兴趣,使其主动参与到体育教学的行列中,并让学生真正成为主体。

(2)体育教学的形象性

直观形象会给学生的视觉、听觉、触觉一个良好的刺激。学生通过自己的各种感知获得生动的表象,并与思维结合起来,从而掌握体育的知识、技术和技能,同时培养了学生的观察能力和形象思维能力。体育教学有很好的、明显的形象性,教师的讲解应运用生动形象的语言、贴切有趣的比喻,把所要传授的东西进行艺术性的描述,用生动的语言把复杂的技术动作形象化、简单化,加深学生对教学内容的感知,建立一个清晰的技术动作表象。当学生看到教师准确形象的示范动作,心中就豁然开朗起来。

(3)体育教学的审美性

体育教学的美,体现在符合教学规律的成功和富有实效的创造性教学上。教师把人类积累下来的体育知识技能,通过科学的概括和艺术的提炼,卓有成效地传授给学生,使学生去感知、去体验,从中获得美的享受、美的启迪,净化心灵,陶冶情操,促使学生身心健康和谐发展。师生共创的课堂情境,给人以意境上的顿悟和精神上的启迪,令人回味无穷。

(4)体育教学的情感性

通过合理的师生关系和教师正确的引导方式,师生双方在心理上具有很大的相容性,学生喜欢、乐于接受体育教师所传授的知识和技能,乐于听取体育教师所提出的动作技能、技巧意见,对教师所采取的教育措施学生积极配合。学生从心理上接受教师,并易受到教师榜样示范作用的影响,从而促使体育教学有效地进行。因此教师和学生之间便形成了一条无形的通道并且互相联系着,构成了教与学的统一。教师在传授知识的同时,还与学生进行了丰富而真诚的情感交流。

(5)体育教学的创造性

体育教学离不开教师的创造性,具体体现在整个教学过程中的"求新、求异、创造"上。爱因斯坦说:"人是靠大脑解决问题的。"创新思考是一切创新活动的"骨髓"和"基石"。

首先,我们既要掌握常规的逻辑性思考方法,又要掌握非常规的创新性思考方法,并将这两者互相配合、作用互补、综合运用,才能举一反三,提出新问题和想出新办法;其次,要有设计创造性教学方案的能力,要善于根据体育教学的动态过程和学生实际水平及学习过程中体力消耗、情绪变化等波动过程进行全盘考虑、精心策划、周全设计、科学实施,达到预定目标;最后,要有应变能力。教师要善于在体育教学的动态复杂过程中,针对不同学生的个性特点、学习情况或各种教学情境中所产生的一些问题,敏锐地觉察并快速地做出正确的教学决策,巧妙地随机应变,迅速地给予恰如其分、恰到好处的处理,使教学左右逢源、得心应手,确保教学目标实现与教学质量提高。

(三)健康教育

1. 健康教育的概念

什么是健康?美国教育家鲍尔(W. W hnwer)认为"健康"是人们身体、心情、精神等方面都自我感觉良好,精力充沛的一种状态。1989年WHO提出健康分四个层次:生理健康;心理健康,即心理所反映的客观现实在内容和形式上与客观环境一致,同时指个性心理特征的相对稳定;道德健康,即树立正确的道德观;社会适应性健康,即能胜任社会所赋予的角色,并能奉献社会,达到自我实现。

健康教育的特征是以传授健康知识、建立卫生行为、改善环境为核心内容,即通过有计划、有组织、有系统的教育活动,促使人们自愿采用有利于健康的行为。健康教育可消除或降低危险因素,降低发病率、伤残率和死亡率,提高生活质量,并对教育效果做出评价。真正的健康应该是全面的健康,健康教育应该从小开始,从小培养正确的健康观,因此健康教育的目的是使学生从小养成良好的生活习惯和行为模式,达到最佳的健康状态。学校健康教育以良好行为习惯和个体自我保护能力的培养作为重点,与学校体育共同完成增进学生健康,增强学生体质的任务。

健康教育不仅是一般的卫生知识传播和宣传活动,更要动员全民对健康教育有所了解,目的就是预防疾病、残疾和减少死亡率,以及以影响行为因素为重点的实践。它的内容涉及心理健康教育、学习卫生、运动卫生、饮食与营养、行为健康(生活习惯与生活方式)、安全教育等。健康教育的范围极为广泛,一般主要包括健康服务、健康的学校环境和健康教学三个方面。它的内涵是改善环境和生活质量,增进人们自我保健意识,养成文明卫生行为。

健康服务就是通常所说的保健,它直接关系到学生的健康状况,是整个学校卫生规划不可缺少的部分。健康服务主要包括:健康检查和发育监测;身体缺陷的矫治;传染病管理和常见病预防;突发性疾病与意外事故的简易急救;为特殊儿童(即伤、残、障儿童)提供必要的服务,心理咨询等。

2. 体育教育与健康教育之间的相互作用

随着经济的发展,国家越来越重视体育教育。1979年10月5日,教育部和国家体委联合下发了《高等学校体育工作暂行规定》和《中、小学体育工作暂行规定》,要求各级各类学校体育教学把增强学生体质和提高学生健康水平作为学校体育的主要目标。20世纪80年代,围绕这一目标,在提高体育课教学质量,选择重点教材,重视继承和发展民族传统体育,贯彻体育和卫生保健相结合及适当增加体育理论教学比重,改革教法、教具等方面都有新的突破,使体育教育在这一阶段处于恢复发展的阶段。

经过几十年的发展,国家颁布了很多关于健康教育的大纲。例如,2000年又颁发了《九年义务教育全日制小学体育与健康教学大纲(试用修订版)》《九年义务教育全日制初级中学体育与健康教学大纲(试用修订版)》《全日制普通高级中学体育与健康教学大纲(试验修订版)》,其中《全日制普通高级中学体育与健康教学大纲(试验修订版)》的主要特点是构建了课程内容的指导思想,大纲指出:"以'健康第一'作为指导思想,以学生为主体,充分发挥体育与健康学科教育的综合功能,落实素质教育的要求,提高学生的综合素质,增强学生体质,促进学生的身心发展。"并明确了体育教学的总目标为:"全面锻炼身体,增进学生身心健康""掌握体育与健康的基础知识、基本技能,提高学生的体育与健康意识和能力,为终身体育奠定基础""对学生进行体育价值观和思想品德教育"。

2002年,教育部和国家体育总局联合颁布的《学生体质健康标准》开始在全国大部分学校实施,进一步落实了"健康第一"的指导思想。以上这些法规的颁布和新举措的实行,对推动我国体育教育工作的开展具有深远意义。

第二节 体育教育的基本结构

一、体育教育的内部结构系统

体育教育是通过身体活动和其他一些辅助性手段进行的一种有意识、有目的、有组织的身体教育过程,它需要借助一定的载体即体育教材来达到一定的教育目的,这样才能形成体育教育一个完整的教学系统。所以,体育教师、学生、体育教育目的及体育教材就构成了一个动态的体育教育内部结构系统。下面我们就对这四个构成要素进行分析。

(一)体育教师

体育教师在体育教育中处于主导地位。根据贾冠杰对教师的分

析,我们将体育教师在体育教育中的角色大致归纳为以下六种:

1. 体育教师是传授者

教师最根本的职责是育人,广义的意义是传播知识、经验的人,肩负有提高民族素质的重任。体育教师同样肩负着传播知识、繁衍文化、发展科学、培养人才、提高学生身心素质的责任,无论一个教师自己拥有多少知识,拥有多少阅历,都要全部传授给学生。自己拥有知识而不能很好地传授给学生的教师不是合格的教师。体育教育要把知识传授给学习者,并让他们认识到该学科的重要性。

2. 体育教师是组织者

体育课主要在室外或操场上进行,学生须参加各种身体活动来实现体育课的教学目标。这些动态中的教学活动不仅范围大,而且因素复杂多变。课堂活动能否成功主要在于组织,学生应准确知道他要干什么。在组织教学活动时,教师最主要的目的就是告诉学生要做些什么,给学生明确的指导,使他们明确自己的任务,知道如何开展活动,活动结束后如何组织反馈等,可以说整个体育教学过程就是一个组织过程。

3. 体育教师是控制者

一个教师必须是个合格的控制者,学生的一切活动都在他的控制之下顺利地进行,任何疏忽都会使课堂教学收不到理想的效果。传授知识的时候,教师要多控制;在培养学生能力时要少控制。体育教学的安全性问题是极为重要的,防止外来干预或伤害事故的发生,是一个体育教师应该重视的问题。教师应做到遇事后能乱中不慌,从容处理,不可失控。

4. 体育教师是合作者

体育教师应经常和学生进行探讨交流,特别是以学生的朋友的身份参加一些体育比赛或游戏,不能倚仗自己老师的身份对学生产生居高临下的优越感。这样可以使学生轻松愉快,解除思想顾虑,在友好的氛围中使学生提高技术和学术能力。从某种意义上来讲,老师又是一个合作者,配合学生,按照学生的需求进行对体育教育的讲解。

5. 体育教师是创造者

教师应该创造一个良好的、适合学生学习的课堂气氛,使学生收到事半功倍的学习效果。写在书本上的体育教学法不见得是最好的教学方法,适应自己并能带来理想教学效果的方法才是好方法。体育教师应根据教学情况的变化,创造出学生最满意、收效最好的教学方法和技巧。

6. 体育教师是心理治疗者

学生在体育学习过程中必定会遇到不少困难和压力,这可能会直接影响体育教学的正常进行。因此,教师要聆听和分析造成这些消极因素的原因,并从心理上帮助这些学生克服妨碍学习的压力、焦虑等消极因素,使他们放下包袱,充满信心,使学生有积极健康的态度,不断提高运动技术水平。

以上关于体育教师角色的六种分析方法,足以体现出体育教师在体育教育中所起到的作用,以及在整个体育教育过程中所体现出来的价值。

(二)学生

1. 学生是受教育的主体

随着体育教育的不断发展,学生在整个体育教育中所处的地位发生了很大的变化,学生由以前知识的被动接受者(听命于教师,自身缺乏能动性)转变为体育教育的主体,学生主观能动性的发挥在体育教育中的作用也日益重要。所以,体育教师在体育教学中充分发挥教学主导作用的同时,必须充分考虑到教学中学生的主体作用,也就是要考虑到学生的学法,即培养学生学会"自主学习、自我领会、自我锻炼、自我评价"等学习方法。教师在体育教育教学中,不仅要向学生传授相关知识,而且要对学生的学习方法进行针对性指导;同时,根据教学需要,还要考虑到学生的个体差异,指导学生结合自己特点制订适合自己的学习目标、学习计划、学习方法、评价标准等。在教师的指导、鼓励下,学生扮演"主角"。

学生的主体地位不仅体现为学生如何学习以及学习方法的重要性,更多的是体现为教师的教法选择、教学内容的选择、评价的方法等是否围绕学生进行。过去,体育教育的弊端在于"教者发令,学者强应,身顺而心违"。"满堂灌"的教学模式把学生置于"被锻炼、被训练"的从属地位,过多强调了技术动作的传授与基本技能的训练,忽视了学生能力的提高和思维的培养,忽视学生在认知过程中的主体作用,制约了学生思维的发展以及主体性的发挥,所以教师在教法选择、教学内容的选择、评价的方法等方面都要重视学生的主体地位,围绕学生的兴趣、爱好开展教学活动。

2. 学生是创新的主体

当今世界正处于以知识和高科技为主的信息时代,而时代的发展又呼唤与之相适应的人才,培养出具有敏捷思维、创新意识、综合能力的学生是当前体育教育的一项重要任务。于是,在体育教育教学中如何培养学生的创新精神和实践能力应作为发挥学生主体学习积极性的一项重要内容,作为体育教师在体育教育教学中就要有意识地引入创新。事实上,我们教育教学中许多方面需要创新,只不过还没有很好挖掘出来。

一个好的体育教师往往在教育教学中善于提出问题,创造情景,激发学生的学习动机,让学生积极地思考,勤于动手、乐于练习。例如,在对学生进行篮球教学时,学生最感兴趣的动作是行进间三大步投篮,此动作技术对学生来说相对较复杂,按常规教学,即讲解要领、示范动作、学生被动模仿、纠正动作等,需要花费很大精力才能使学生学会和掌握该动作。但只要改变一下传统教法,从启发学生思维入手,采用探究法、发现法、问题法、范例法、实践法、学导式教学等方法对学生施教与导教,就能最大限度地挖掘学生"自我学习、自我思考、自我创新"的潜能。那么,学生学习和掌握这一投篮要领就容易多了,学生练习起来就更感兴趣、更投入。实践证明了体育教育教学中充分发挥学生主体能动性并通过学生的思维来创新的促进作用。

(三)体育教育的目的

现阶段,体育教育具有增强体质、竞争、教育、娱乐、促进个性发展和开发智力等功能。所以,在体育教学内部中对体育目的进行分析时,就必须对这些功能进行很好地理解和概括,只有这样,才能使整个体育教学内部具有良好的、动态的体育教育内部结构。

总之,体育教育的目的在整个体育教学内部结构系统中起着导向的作用,其目的的制订对体育教育有着深刻的导向意义。

(四)体育教材的选择

体育教材是体育教育实现的载体。它是根据教育部颁发的体育教育与健康课程的标准,体育教材是连接老师和学生的纽带和桥梁,只有这个桥梁是坚实的、牢固的,那么它的另一端——"体育教育目的"才有可能朝着健康、积极的方向发展,反之则南辕北辙。在体育教材的安排上要格外注意,它有别于其他课程的教材,其他教材的编排即使没有激发学生兴趣,没有达到学生需求的标准,只有一些枯燥无味的专业知识点,学生为了成绩还是要学习的。然而体育教材就不一样了,它是辅助学生身心健康发展的重要课程,所以编排体育教材要充分关注学生的兴趣,吸引学生主动阅读和学习体育教材,使教材成为他们的良师益友。

二、体育教育的外部结构系统

体育教育是学校教育的一个重要组成部分,依据学校教育的层次结构,我们可以将学校体育教育划分为:学前体育教育、初等体育教育、中等体育教育、高等体育教育。

(一)学前体育教育

学前体育教育主要是指幼儿体育教育,即3—6周岁的儿童在幼儿园所接受的体育教育。体育作为幼儿教育的重要组成部分,应着眼于幼儿素质的全面发展。可从三个层面界定幼儿体育的含义:生理层面、心理层面和社会层面。生理层面反映为幼儿本身的自然力,是幼儿素质发展的生物前提;社会层面反映为幼儿素质发展的性质、方向和水平;心理层面则表现为幼儿的社会实践活动和主体生命活动相互作用的中介,是外在的科学精神、道德规范和审美经验在幼儿身上的积淀。

1. 幼儿的身心发展特征

幼儿的身心发展有着自身的特点,如他们的情感容易外露、肤浅、易冲动、不稳定,高级的社会情感刚开始萌芽,他们的思维特点主要以具体形象性为主。从内心品质来看,他们的行动目的性由不明确到逐渐明确,但自制力较差。这个阶段又是其语言学习的重要时期,正是由于以上的身心特点,幼儿这一群体需要用合理的教育方式来培养、教育。

2. 学前体育教育的目标

幼儿体育教育的目标,是指在一定的时期内幼儿体育实践所要达到的预期结果,它是幼儿体育教育工作的出发点和归宿。

我国教育的总目标是要培养全面发展的人,单独确定一个幼儿体育教育的总目标是十分困难的。我们不妨考虑:由于各年龄段的幼儿身心特点不一,体育的具体目标不尽相同,要固定以某一种体育思想作为我国幼儿体育教育的总目标是不现实的。幼儿从小班到大班,时间跨度虽然只有几年,但是各年龄阶段的幼儿无论从心理上还是从生理上都有很大差异。由于各种幼儿体育教育思想具有相融性,它们既相互交叉,又互为补充,所以各阶段的幼儿体育教育目标又具有层次性和阶段性。有的学者认为促进幼儿身心健康发展是幼儿体育教育的终极目标。

3. 学前体育教育性质

从上文可以看出幼儿自身成长发育有其特点,针对自身发育的特点,可以总结体育教育在施教的过程中有以下两个特性:

(1)场地的选择性

根据幼儿生理和心理的特点选择适当的方法和手段对其进行身体教育。由于幼儿处于生长发育过程中,其骨骼及软组织容易受到损伤,不宜进行过大压力的负重练习,也不能进行过长时间的大强度训练,所以在设计体育教育课程时,不要安排难度过大、疼痛感较强的练习。

在进行体育教学的过程中,场地是至关重要的。如果能在有地板的室内或有沙土的平地上或有草坪的地方进行训练,就不要搞技巧性训练,这样可以降低地面对幼儿机体的反作用力。如果在水泥地上或柏油路面上锻炼,一定要求孩子穿软底鞋,以减轻硬度高的地面的反震力对孩子肢体和肌肉群的损伤。

(2)施教的特殊性

幼儿和小学生相比较,小学生已掌握了基础知识,对新事物有自己的分析;和中学生相比,中学生已经掌握了大量的教育知识。而幼儿还处于对未知世界懵懂的时期,对于任何事情不加分析地接纳。所以,我们幼儿教师要根据幼儿的这一特点施以特殊的教育,因势利导地培养他们对体育教育的兴趣。对体育内容要加强形象化的讲述,吸引幼儿的注意力。创造良好的环境,促进幼儿体育兴趣的发展,包括场地器材布置、体育设施条件、教师的精神状态和业务水平等。

(二)初等体育教育

初等体育教育也叫小学体育教育。小学生的年龄一般在 7—13 岁,具有明显的年龄特点,可塑性大,模仿能力强,是接触新知识最佳的时期。

他们具有自己的判断力,对新知识具有强烈的好奇感,但又往往在活动、行为方式上表现出其个性特征。故而针对小学生这一特殊群体,应该有一套适宜该年龄特点和素质教育要求的体育教育内容、方法和手段,来为其发展身体,增强体质,培养兴趣,培养思想品德和意志品质,为终身体育和终身教育打下良好基础。

1. 小学生发育特点

(1)外形发育逐步加快

小学生在上学期间发育很快,正是在长身体的时候,小学中低年级儿童少年体格发育较为平稳,每年身高平均增加4厘米左右,体重平均增加2千克左右,从外形来看其特点是头大、躯干长、四肢短,重心不稳。10岁以后逐渐进入青春发育期,身高每年以6—8厘米的速度增长,体重每年可增加4—5千克,上下肢的发育速度快于躯干速度,所以从表面看是不协调的。

(2)骨骼开始骨化,肌肉力量还比较弱

这个时期的学生骨骼正处于骨化过程,骨骼成分中胶质较多,钙质较少,富有弹性,但坚固性较差。骨骼硬度小、韧性大,不易折,但易弯曲变形、脱臼和损伤。其肌肉虽然逐渐发育,但主要是纵向生长,肌纤维较细,力量性较弱。

(3)心跳速度慢,呼吸增强

青少年时期的心率是随年龄增加逐步降低的,如新生儿的心率大概是140次/分左右,5—6岁减至95次/分左右,7—8岁减至85次/分左右,9—10岁减至75次/分左右,与成年人的72次/分非常接近。而肺活量是随着呼吸的增长逐渐增强的,如7岁男童是1389毫升,10岁时达1909毫升;7岁女童是1295毫升,10岁时达1777毫升,随着呼吸力量的增强,儿童少年对许多呼吸道疾病的抗御能力也不断增强。

(4)脑细胞分化基本完成,感觉器官正在发育成熟

儿童少年大脑的重量,6岁时达到成人的90%,12岁时已接近成人1400克的水平。脑细胞体积增大,树突和轴突分支逐渐发育完全,

细胞功能分化逐渐完成,分析、抑制能力有所加强,但兴奋还不能持久。儿童少年的感觉器官迅速发育,视、听、嗅、触觉大大提高,但尚不精细、深刻。

2. 小学体育教育目标分类

小学体育教育目标分为运动知识目标、技能目标、情感目标、负荷目标。知识目标主要是使学生在记忆、理解的基础上能够简单地运用已学过的动作要领和有关知识做出相应的动作,并能回答其理论知识点。技能目标是能让学生做出标准动作以及有技巧地回答动作要领。

情感目标是使学生认识到运动的价值所在,在没有教师指导的条件下也能自觉地做运动,由不喜欢运动到把运动养成习惯。运动负荷是指学生在体育运动中身体所承受的生理负担量。适宜的运动负荷量,对增强学生的体质,掌握运动技术、技能,培养优良品质都具有重要意义。运动负荷是由练习的密度和强度即练习的重量、距离、速度、时间、数量和动作的质量等因素组成的。

3. 小学体育教育特点细分化

初等体育教育主要是针对小学生(7—13岁)进行的体育教育,这一阶段的体育教育具有以下三个显著的特点。

(1)儿童化教学

主要是针对儿童的年龄特点行体育教育。儿童以机械记忆和形象思维为主,应尽量采用直观、形象的教学手段。儿童的"本性"往往毫无保留地反映在体育课中,在体育教育的过程中,体育教师要懂得儿童的心理特征,按照童心、童愿和童颜组织体育教学,防止体育教学的"成人化"。有些体育教师把现代竞技运动中的先进技术充实到小学教学中,是一个大胆的尝试,但必须进行科学的分析和研究,看这样做是否有利于增强学生的体质,切勿单纯以技术掌握程度来评定教育的成败。

(2)有趣化教学

在这时期的小学生好动、爱新鲜、敢于尝试新鲜的事物,厌烦过多的重复练习。因此,只有多样化的教学手段,才能使体育课程有趣,推迟疲劳的出现。在以往的教学过程中,学生往往因较长时间练习某一个动作而感到枯燥乏味,教师多是采用游戏法和比赛法激发学生的兴趣,活跃课堂气氛。除此之外,教师还应做到生动形象的讲解和准确的动作示范,教学方法力求多样化、有趣化,以充分调动学生对体育教育学习的积极性,使学生在体育课上有生机、有活力。

(3)游戏化教学

游戏具有趣味性和竞争性,对小学生有着较大的吸引力,而且容易让小学生在轻松、易懂、竞争的环境中学到知识。在小学体育教学中运用游戏教材,充分发挥游戏教材的教育因素,对完成体育教学任务有重要意义和作用。由于这个阶段的小学生心理、生理的特点,要采用变换游戏方法,加深形象化教学的手段,使每一个游戏都能吸引住学生。通过游戏,提高小学生对体育教学的兴趣,是进行小学生体育教育的一个比较显著的特征。

(三)中等体育教育

中等体育教育作为初等体育教育与高等体育教育之间的过渡或中介,既是连接初等体育教育与高等体育教育的纽带;是个人实现进一步深造和发展从而成为社会高级专门人才的必经之路,也是联系初等体育教育与社会、为社会输送中等专门人才和熟练劳动者的重要桥梁。可以说,中等体育教育在整个体育教育体系中处在一种比较特殊的地位上。

1. 中学生身体发育的特征

(1)体型的骤变

正在青春期发育的中学生,生长发育明显地体现在体型变化上,这些变化常以身高、体重、宽度和围度等指标来衡量。身高是评定体格的基础,具有代表性;体重是衡量身体发展的指标之一,表明身体的充实程度和营养状况;宽度和围度也是衡量身体发展所必不可少的。

(2)机能发育增强

人的各种组织器官分别具有不同的结构和生理功能,结构与功能相互制约,因而中学生的身体机能应正常发展,相互协调。

人脑和神经系统逐步完善。人脑和神经系统在出生前就迅速发展。出生时脑重380—390克,一岁时达到700克,入小学时约1280克,12岁时脑重接近成人,脑容积与脑重的发展相似。之后,脑的发展由容积、重量的增加转向功能的完善,即在青春期时,神经系统的结构更加复杂,功能更加完善。

心血管系统功能稳定、肺功能增强。代表心血管系统功能的两个参数是心率和血压。中学生心率已接近成人,以后逐渐减慢,趋于稳定,每分钟60—70次;血压走上少年期的低谷,稳定在110—120/70—80毫米汞柱范围内。

(3)身体素质不断提高

身体素质是在神经系统的控制下人体活动时肌肉所表现出来的力量、速度、耐力、灵敏、柔韧等机能。神经系统功能的完善,肌肉的增长等,使中学生的身体素质快速提高。其表现形式首先是力量的提高;其次表现在速度上,速度是大脑兴奋的体现;最后是表现在耐力上,是对疲劳的抵抗能力的展现。

(4)认知能力逐渐加强

中学生的认知能力提高了,尤其是在观察方面,观察的时间更为持久,在概括性和精确性上有所提高;中学生思维已由具体的形象思维过程发展到以抽象的逻辑思维为主,并且由经验型转向理论型,表现在逻辑思维的组织性、敏捷性、灵活性、深刻性、批判性的发展上;在面临困难问题的时候,中学生能抓住问题的重点,可以独立地思考,解决事情,面对同学、老师、家长有自己的看法、乐观的心态、积极向上学习态度。

(5)情感更加丰富

中学生的情感丰富、高亢而热烈,富有朝气、容易动感情,也容易被激怒,情感体验比小学生深刻;对未来充满了憧憬和幻想,具有活泼愉快的心境;自我调节和控制能力提高,情感有时带有矛盾性和两极性;好交往、重友情,友谊迅速发展;由于性发育和对未来的向往,在异性交往中有时会感到困惑。

(6)毅力加强

中学生意志特点主要表现在目的性、果断性、自制力几个心理品质上,能够有目的、自觉地做出意志决定和努力;在果断性上有了显著发展;自控能力不断增强。

(7)对人生观有所感知

年龄的增长、视野的开阔及受教育年限的延长,使中学生开始对人生及世界进行思考和探索。

(8)道德品质的提高

学生的品德有一个完整的结构系统,对道德的认知,到道德行为,都是一层层相互联系、不可分割、相互促进的。道德认知表现在道德思维的发展和道德观念的建立上;道德情感是人的道德需要是否得到实现而引起的主观的内心体验,它随着道德认知的发展而加深;道德意志表现为战胜非道德的动机、排除困难执行道德动机而引起的行为,它是衡量道德品质高低的标志,要通过一定的模仿、多次强化、有意识地练习和与不良行为习惯的斗争才能实现。

2. 中等体育教育目标

新一轮的中学体育教育改革中,明确提出了中学体育教育的目标,要求教育者贯彻"健康第一"的教育思想。通过体育教育要激发学生的运动兴趣,使学生养成坚持体育锻炼的习惯,形成勇敢顽强和坚忍不拔的意志品质,促进学生在身体、心理和社会适应能力等方面健康、和谐地发展,从而为提高国民的整体健康水平发挥重要作用。

3. 中等体育教育意义

(1)可以增强体质

学生通过体育学习,能够提高对自身身体和健康的认识,掌握有关身体健康的知识和科学健身方法,提高自我保健意识;坚持锻炼,增强体能,促进身体健康;养成健康的生活方式。

(2)提高心理素质

通过体育锻炼,学生将在友爱的运动环境中感受到集体的温暖和情感的愉悦;经历运动的痛苦,培养坚强的意志品质,增强自尊心和自信心,才能以正确的心态面对生活,形成积极向上、乐观开朗的生活态度。

(3)增强社会适应能力

通过接受体育教育,学生将理解个人健康与群体健康的密切关系,建立起对自我、群体和社会的责任感,形成现代社会所必需的合作与竞争意识,学会尊重和关心他人,培养良好的体育道德和集体主义、社会主义、爱国主义精神,学会获取现代社会中体育与健康知识的方法。

(4)获得体育的技能

学生通过体育教育,根据自己的兴趣爱好和不同需求选择个人喜爱的方法参与体育活动,挖掘运动潜能,提高运动欣赏能力,形成积极的余暇生活方式;学生可以提高体育运动中的安全防范能力,获得在野外环境中的基本生存技能。

(四)高等体育教育

高等体育教育是体育教育的重要组成部分,是一种相对比较特殊的高等教育,它既要遵循高等教育的规律,又要适应体育发展的形势;既要重视知识教育的主导性,又要强调竞技体育的重要性;既要跟上高校发展的趋势,又要关注体育院校发展的方向。高校教育是培养人才的最后环节,而高校体育教育因自身方法、手段的独特性,对培养具备坚强的个性和不屈的拼搏精神的社会所需人才又有着不可替代的作用。高校体育教育的效果好坏与人才的质量密切相关。当代高等体育教育最显著的特点是为社会培养特殊部门的"劳动力",使科研转化为生产力,为社会发展服务。根据这个特点,高等体育教育需要跟着社会发展的步伐,向社会输送高素质全面人才。

1. 大学生身心发展的特征

(1)自我意识增强但有不足

狭义的自我意识就是自己对自己的认识,广义的自我意识是指人对于自己与他人及社会关系的认识,它包括自我观察、自我评价、自我检验、自我监督、自我教育、自我完善等。独立自主、个人魅力是当代大学生喜欢追求的个性形象,大学生是同龄青年中的佼佼者,一般都具有较强的自信心、自尊心。他们喜欢得到社会的认可,不喜欢别人干涉自己的工作、生活等,期待社会用成熟的标准来衡量他们,希望得到尊重,这种表现体现了大学生的不足之处。

(2)思维有所发展但有主观片面性

随着年纪的增长,大学生学到的知识越来越多,受到的思维训练方式也越来越正规、复杂,这也促进了他们思维的迅速发展,并逐渐在思维活动中占据主导地位。他们在思考问题时,不再满足于一般的现象罗列和获得现成的答案,而力求自己探讨事物的本质和规律。他们思维的独立性、批判性和创造性有所增强,主张独立发现问题和解决自己认为需要解决的问题,喜欢用批判的眼光对待周围的一切,不愿意沿着别人提供的方法去思考和解决问题,其思维的辩证性、发展性都有所提高。但是,他们的抽象思维水平并没有达到完全成熟的程度,主要表现为思维品质发展不平衡,思维的广阔性、深刻性和敏感性发展比较慢。由于大学生个人阅历尚浅,看问题没有那么深刻,思考问题角度单一,主要是以主观的态度对事物进行评价,所以带有片面性。

(3)拥有丰富的情感,但情绪波动较大

大学校园生活充满了青春活力,随着社会需求的不断增多,大学生的情感也丰富、完善和强烈起来。这种强烈的情感不但体现在学习和工作中,而且也体现在对待家长、同学和教师的态度等方面,更重要的是这种情感还具有明显的时代性、社会性和政治性。大学生热爱生活、热爱社会,富有理想抱负,关心国事,对于建设中国特色社会主义道路、振兴中华充满希望和激情。但某些过度的情绪可能会影响正常的工作和生活。还未涉足社会的大学生,难以控制情绪,也是这个时期的不足。

2. 高等学校体育教育目标

(1)对体育教育基本知识和技能的掌握

体育是一门实践性很强的综合性学科,与其他文化技术课相比,它将认识客观世界和改造主观世界融为一体。体育教育既是传授和掌握体育基本知识、技术和技能的过程,又是育人的过程。

(2)让大学生身体素质全面发展,提高适应能力

全面发展学生的身体素质、增强体质是高等学校体育教育的重要目标;高等学校体育教育为促进学生身体素质的全面发展、增强体质提供了极为有利的条件。因为它有一定的时间和物质条件的保证,有体育教学大纲和一定的教材作为教学依据,所以大学生通过已掌握的知识和技能以及积极乐观的生活态度步入社会,可以很快适应社会环境。

(3)以培养和发展学生的体育能力为目的

所谓体育能力是指人顺利完成体育活动任务时经常、稳固地表现出来的心理特征,是知识、技能和智力的整体效应。体现在体育教育中,就是要重点培养学生有对自我身体的要求,有终身锻炼身体的欲望,具有必要的活动技能及运用技能的能力。

(4)以培养学生具有"终身体育"观念为最终目的

"终身体育"是指一个人终身进行身体锻炼和终身接受体育教育

知识。高等学校体育教育应立足于现实,着眼于未来,使学生不仅在学生时代,而且在任何时候、任何条件下都能够独立自主地从事体育锻炼,并养成良好的体育锻炼习惯。

(5)让学生运动技术水平有所提高

高等学校尝试组织高水平运动队,以我国建设体育教育与总战略为指导,根据各个学校的不同特征,引进相应的发达国家体育教育经验,并施教于学生,使其运动水平提高。培养出有知识、有文化、守纪律,有高尚情操,有较高运动技术水平,能为国争光的体育后备人才。

3. 高等体育教育特征

(1)具有非竞技性

高校体育教育训练还是有别于专业的运动员训练的,它以提高身体素质、增强体质为目的,具有非竞技性质,即普及性或大众性。学生对体育运动项目的了解应重在广度而非深度,有些高难度体育项目在老师做示范动作后,学生只需一般了解。高校体育教学的首选是对学生身体健康有益处的大众性体育项目。

(2)具有非统一性

按照教育部教学大纲的要求,高校必须开展体育教育。但不同于绝大多数中小学阶段体育教育的是,当今我国很多高校已经开设体育选修课,学生可以根据自身的偏好选修某种体育项目,而且学校也可以根据自身的特点,开设供学生选择的体育专项课。例如北方高校冬季多有滑冰或滑雪等体育项目。

第三节 体育教育的现实意义

所谓"意义"是指功效、作用,它是某一事物在环境中所能发挥的作用和能力。体育教育的意义则是指体育教育在一定的环境和条件下对人和社会所能够发挥的作用和功效,给人带来了极大的价值。研究学校体育教育的功能可以使人们更好地认识体育教育,理解体育教育的功效和作用,从而充分地发挥体育教育的功能,为人的全面发展服务。随着现代体育教育的不断向前发展,体育教育的意义也在不断地扩展和放大。体育教育作为一个复杂的系统,具有很广泛的意义,从逻辑学原理上讲,具有本质意义和一般意义两类。

一、体育教育的本质意义

在体育教育过程中,人体不仅直接参与了一定的体育活动,并且承受了一定的生理负荷,这充分体现了体育教育的特殊性,决定了体育教育的本质功能。刘清黎对体育本质进行了以下几方面概括。

第一,体育教育是全面发展教育事业不可分割的一部分,它具有教育性、教养性、发展性相统一的多质性。

第二,体育教育受一定社会因素的制约而影响发展,如受社会的政治经济的影响和制约,也为一定社会的政治经济服务。

第三,应该以多种角度和多维的体育观念和方法来研究体育教育的本质和意义。

总之,以上三点对体育教育本质的概括,无论从教育发展方面还是从社会经济、政治方面等,都对体育教育有完整性的理解。我们其实应该对体育教育的本质和功能意义进行深刻的研究,但由于受社会经济的发展和人们对体育的认识等制约,我们对体育运动有以下详细的解释。

(一)体育运动可以促进大脑清醒、思维敏捷

长时间进行体育锻炼可以改善大脑供血、供氧情况,可以促进大脑皮层兴奋性增强,保持大脑清醒;兴奋和抑制更加集中,神经过程的均衡性和灵活性加强,对体外刺激的反应更加迅速、准确;大脑分析综合能力加强,整个大脑的工作能力增强。

(二)体育运动可以促进身体的正常生长发育,促进骨骼与肌肉的生长

体育运动有利于促进人体新陈代谢和人体骨骼、肌肉的生长,加

速细胞的繁殖,引起细胞间质的增加,使人体的器官、系统结构产生适应性变化和技能的改善。对于处于生长发育关键时期的人来讲,接受体育教育和参加体育运动能促使其骨骼的生长,使骨骼变粗、骨密质增厚,骨骼抗弯、抗折、抗压的能力增强,这对于青少年塑造标准人体形态和促进内脏器官的发育都有着十分重要的意义。

(三)体育活动可以提高人体的机能水平

体育活动能使人体内能量消耗增加,代谢产物增加,新陈代谢旺盛,血液循环加速,有利于血液循环系统、呼吸系统、消化系统、排泄系统的功能改善。如果长期进行体育活动,能使心脏产生运动性肥大、心肌增厚、心壁增厚、心容积增大,在功能上来讲,还可以增加心肌,心搏频率减少;肺的功能也会因体育运动而得到提高,肺活量增大,呼吸深度加深,提高抗病能力,增强有机体的适应能力。

(四)体育活动会提高人体对环境的适应能力

长期的体育活动,可以改善人的免疫系统,提高抗病能力,提高人体适应现代生活的能力,还可以减压。体育锻炼,特别对身体可塑性强的青少年学生来讲,这种提高就更为明显。

(五)体育活动还可以调节人的心理,促进心理健康

进行体育运动可以使人心情愉悦,精力充沛,还可以舒缓情绪,调节心理疾病,特别是在现代激烈的竞争环境下,快节奏、高效率很容易使人产生焦虑、不安、抑郁、烦躁、自卑等心理。因此,及时排遣不良情绪,对身心健康是十分必要的,进行自己感兴趣的体育活动本质上是一种玩乐,是人的返璞归真,是人的本性的抒发,不仅可以找到儿时的感觉,还可以活跃人的情绪,调节人的精神。所以体育教育能有效地从学校开始传输健康的人生观、价值观,用乐观的积极生活态度让青少年儿童从中了解到体育教育的意义。

二、体育教育的特殊功能

随着社会的发展以及我国体育教育事业的发展,人们已经逐步

突破单一的以生物观看待体育教育的视角,生物—心理—社会的多维体育观已经逐步为体育教育界所接受,体育教育的多重功能也逐步地被认识和开发。

(一)教养功能

教养指的是使受教育者掌握一定的科学概念和规律,并有相应的实践能力,包括知识、技能和技巧,所以教养也是一般文化和品德修养。

体育教育的教养功能表现为:通过体育教育,使学生学习一定的体育、卫生保健等方面的知识、技术和技能;掌握"三基",学会科学锻炼身体的一些方法。在这个意义上,体育对学生的智力发展有一定的作用。体育教育本身就是一种智力活动,体育教育不是单纯的身体活动教育,还必须在其过程中对学生进行体育基础知识、卫生保健知识等教育。

体育教育的教养功能的另一个表现是对体育文化的传递。体育文化不仅包括体育、卫生保健知识,科学锻炼的方法和技能,还包括体育精神、体育思想、体育价值观等。通过体育教育,学生掌握了一定的体育方法和技能,不仅可以自主地参加体育锻炼,还可以丰富课外生活和校园的文化活动,营造一种健康向上的人文氛围和环境,这对学生的成长具有重要的意义。在体育教育过程中,体育文化被一代代传递、延续和继承。同时,体育教育对于体育文化的创新与发展也具有同样重要的作用。

(二)德育功能

体育教育有着德育的特殊功能,在学生中起着至关重要的作用:体现在思想品德上,能培养学生勇敢拼搏的精神;在培养学生爱国主义、集体主义精神以及严格的组织纪律性方面也具有重要的功能和作用。从体育活动方面来看,它具有对参加者和参观者进行共产主义思想品德教育的巨大潜力,体育运动已成为新时期对学生进行思想品德教育的良好"载体",这就是"寓思想品德教育于身体活动之中"。作为教育系统的一种特殊形式,体育教育的教学过程也是影响学生思想道德品质的过程,这是不以人的意志为转移的客观规律。

体育教育是培养学生遵守社会公德和生活准则的过程,体育运动本身就是一个有章可循的社会活动。体育运动是一个特殊的社会活动,它不仅增强体质,而且创建新的人际关系。在这一过程中,学生易于树立良好的道德品质观念。

当前,我国的现代化建设道路正处于关键时期,所以要努力培养中国特色社会主义现代化建设人才,要造就一大批有理想、有道德、有文化、有纪律并能面向现代化、面向世界、面向21世纪的一代新人,就必须牢牢地把握体育教育的德育功能,使学生们在人生观、价值观、道德观、爱国主义思想、集体主义思想、高尚品质和良好情操等方面受到全面的良好教育和培养。

(三)美育功能

现代心理学认为,人的心理结构由认识、伦理、审美这三大部分组成。从人的身心发展来看,教育目标中"五育"的结构,可将其分为心理发展(德、智、体)和生理发展(体、劳)两部分。前者为精神前提,后者则是物质基础。"五育"是相辅相成的有机复合体,各种功能若因偏颇而失衡的话,将会影响整体功能的发挥。所以,美育是培养全面发展人才一个不可缺少的环节。它与智育、德育、体育是互相联系、互相依存、互相促进、相辅相成的。

学校如果要培养全面发展型的人才,那么审美教育(简称美育)是不可或缺的,而体育教育又与美育有着相互联系、重叠交错的关系,体育教育中渗透着大量的美育因素。实际上,体育教育中的美育,不仅有它自身独特的教育手段,而且有其独特的教育功能。学生在体育教学和体育活动中可以感受和意识到三方面美的现象。

第一,身体美是体育自然美的表现,人的身体生长发育是依从美的规律进行的,它表现出身体、线条、姿态的造型美,筋骨、肌肉、肤色的肌体美和生命活力的生气美。人体美历来就是无数艺术家"代代耕耘美的沃土、美的矿源"。

第二,从运动角度可以感受和意识到形态美、跃动美、韵律美、和谐美、敏捷美、柔韧美、力量美。体育中精湛的技巧与身体美、精神美交相辉映,形成一个体育健儿的完美形象。技巧美包括动作协调、节奏明快、反应敏捷等。这些运动中的技术和战术,把各种精湛的运动绘成动人的画卷,编成美妙的诗篇,如那飞驰旋转的滑冰运动员,转翻蹦跳的体操运动员,勇猛角逐的足球运动员,"横空出世"的跳伞运动员等。

第三,从精神角度可以感受和意识到精神美,可以使体育运动释放出光和热。由于体育运动有进取、竞争、对抗、承担负荷、战胜艰难困苦和经受胜败考验等特点,所以它有利于培养人们精神上追求优胜、追求祖国荣誉的理想美,勇敢顽强,坚毅果断,不畏艰难,不怕牺牲,不屈不挠,胜不骄、败不馁的意志美和体验爱国主义、国际主义的情感美。更重要的是,运动者在运动中可以在身体和精神上得到满足和充实,享受运动美。

总之,体育中的身体美、动作美以及精神美都是相辅相成、交相辉映的,这种审美意识不是天生的本能,而是人们后天参加体育运动的结果,这正是体育审美教育的独特功能之所在。所以无论是参加者,还是观赏者,都能得到精神调节,使他们身心愉悦、陶冶性情,进入审美的境界,培养高尚的审美情感和意识。

(四)心理品质教育功能

体育运动中包含着情感、意志的教育。意志是能自觉地确定目标,克服困难实现预计目标的心理活动。良好的意志品质是构成良好心理素质的要素之一。一个好的意志不是天生具有的,是通过后天的培养和锻炼逐渐形成的。体育教育便是培养学生坚强意志力的最好途径。

(五)人文精神教育功能

人文精神是人类为争取自身的生存、发展和自由,以真善美的价值理想为核心,不断追求自身解放的一种自觉性文化精神。它是人类社会发展的强大精神支柱,是世界文明的"金字塔",是民族守护的不朽长城。因此,在我们的教育中,人文精神教育是我们教育的重要方面。在21世纪的今天,人文精神教育已显得尤为重要。

体育自诞生以来与人文精神就有着密不可分的关系,人文精神是体育的思想基础,是体育的精神内涵,是体育的生命线,它决定着体育的产生与发展。同时体育也是人文精神的形象体现。体育是一种形象,是人体活动直接创造的形象,在这一点上,体育与舞蹈是相似的。但体育的形象不仅是生物性形象,而且生动地显示着人文精神。总的来说,体育源于人文精神,又反过来推动人文精神的发展。

学校教育的知识是以科学的技术层面为主,受这种现象的影响,长期以来的体育教育也不自觉地偏向技术层面,如体育技术知识和技能、运动生物科学知识等。而对于体育人文科学类的知识,如体育理想、体育价值、体育艺术、体育审美、体育心理等方面的知识传授却十分薄弱。的确,就体育运动而言,最有特异性的知识就是人体运动技术以及有关的游戏规则,其他所有与之相关的知识都是由其本体知识的发展而扩张的。最先和运动技术产生结合的当属人体生物科学的有关原理,还派生出运动生理学、运动解剖学、运动生物力学、运动医学等。在学校体育教育中,运动技术和运动生物科学的教育虽然重要,但是必须要有明确的目标。体育运动的发展,真正起到推动作用的就是技术后面的人文精神因素,而不是所谓的运动技术本身。

因此,学校体育教育必须要加强人文精神的教育,使其充分发挥最大的功能,通过不断的学习、理解,发扬其内在的精神,使我国人文精神继续发扬光大,保证民族的发展和国家的振兴。

(六)促进社会化功能

社会化是一个人学习他所属的社会中的人们必须掌握的生活技

能、行为规范和价值体系,以取得社会生活适应性的过程。社会化是指由生物的人变成社会人的过程。社会化是个体趋同、融入群体的过程。

在人的社会化过程中,体育教育有着非常重要的作用,无论是作为内容还是手段,体育运动都是不可或缺的一部分。体育课堂存在着特殊的社会组织、社会角色、社会活动和特定的社会规范。因此,师生、生生之间在课堂社会中发生各种行为,如控制与自控、对抗与磋商、竞争与合作等。而学生从中体验着服从、竞争、合作、展示、成功、失败,逐步经历着社会适应的过程,并在不断学习、调适的个体社会化过程中提高适应社会的能力。

(七)完善学生个性发展空间的功能

个性的领域具有多样性,不同的学科对个性具有不同的理解,所以要给个性下一个确切的定义十分困难。从心理学角度讲,个性通常指个人所具有的比较稳定的、有一定倾向性的特征的总和,包括能力、性格、动机、兴趣、意志、情绪等。从哲学的角度讲,个性就是人的个体性,就是人和他人的不同特征,包括生理、心理和社会特征的总和。根据刘文霞对个性的研究,所谓人的个性是指个体在一定的社会关系中,形成的生理特征、心理特征和社会特征,它们以独特的方式有机结合而使个体具有独特社会性。简而言之,人的个性就是个体独特的社会性。

如果想让学生的个性得到完善,就要尊重学生的差异性、独立性和自主性。个性有两个区分,即健康的和不健康的,教育所提倡发展的是学生的健康个性。健康的个性不是天生的,它需要教育的引导、培植和塑造。参与体育运动本身就是一种个性的展示,知识经济的社会尤其需要独具特色的个性。体育运动恰恰为教师和学生提供了一个轻松和健康的舞台。作为个性教育的体育教育,一方面在尊重学生个体差异性的基础上通过精心设计的各种情况去塑造学生的个性;另一方面还要给学生提供一定自主运动的时间和空间,使他们有可能充分发挥自己的独立性和自主性,在无拘无束的自主环境中磨炼个体。

体育教育的本质功能是其属性和特征的体现,而体育教育的特殊功能则是其他教育活动所共有的功能属性。这种本质功能和一般功能的关系,反映了矛盾的普遍性和特殊性,也是个性和共性的关系。体育教育的本质功能和一般功能并不是孤立存在的,它们是相辅相成的,既相互联系又相互促进,共同完成体育教育对学生的培养作用。多维体育观的确立为学校教育的发展和人才培养指明方向并提出更高的要求,作为体育教育重要的一部分,就更要与时俱进,充分发挥体育的多重功能,为培养高素质全面发展的合格人才做出应有的贡献。

第四节 体育教育与其他形式教育的内在联系

一、体育教育与学校教育之间的内在关系

全面发展教育,是指为促进受教育者的全面发展而实施的德育、智育、体育等多方面的教育。体育教育是全面发展教育的重要组成部分。随着素质教育的提出,体育教育在学校教育中的重要地位日益突出。

(一)全面推行素质教育的目的

素质教育的主要目的是促进学生的身心发展,是以提高全民族的思想道德水平、科学文化、身体素质等综合素质为宗旨的一种教学方式。素质教育是提高人的自然素质和社会素质的一种教育。素质教育是对教育本质深化理解的结果,是教育从社会本位向人本位发展的必然结果。素质教育具有十分深远的教育意义,它既符合当今世界教育改革的基本潮流,又有助于贯彻全面教育的方针,深化了我国教育的目的,同时有助于克服教育理论与实践中的某些片面性。

中共中央国务院《关于深化教育改革全面推进素质教育的决定》中指出:"健康体魄是青少年为祖国和人民服务的基本前提,是中华民族旺盛生命力的体现。学校教育要树立'健康第一'的指导思想,切实加强体育教育的工作,使学生掌握基本的运动技能,养成良好的习惯,使其能运用到实际生活中,要保证学生有丰富的课外时间进行运动,举办多种多样的群体性体育活动,培养学生的竞争意识、合作精神和坚强毅力。""健康第一"作为教育指导思想的确立是基于对学校本质功能的认识。

20多年来尽管大家对体育教育有多种解释,但是增强体质、增进健康还是要通过体育锻炼才能得到是大家的共识。这种共识是中国传统文化赋予体育社会功能的反映,也是一百多年来民族体质衰弱屈辱地位形成的一种自强意识的反映。在意识形态层面上,"健康第一"的指导思想是马克思主义人学思想在教育领域中的体现,是人权思想、人道主义精神和未成年人保护原则的具体体现;在操作层面上,它是体育教育对"素质教育"的最重要应答,当学生的学业、社会工作与他们的健康发生冲突的时候,要优先保证健康。在学校体育内部各种关系发生矛盾时,比如竞技与群体发生抵触时也要以健康为第一,这是今后学校工作的一个重要准则。自新中国成立以来,20世纪50年代、90年代曾两次提出"健康第一"的口号,原因是学生学业负担过重,健康恶化,体质状况十分令人担忧。所以我们要珍惜这一来之不易的体育教育思想,要抓住国家改革、经济发展、国家重视体育教育事业的契机,推动学校体育的改革,将体育教育与素质教育高度融合起来。

(二)体育教育的地位

1. 学生获得健康身体素质的基本手段是体育教育

健康包含身体、精神、社会、情感、伦理等诸多方面,获取健康包括医疗、卫生、防疫、环保、营养和体育等许多手段,其中体育的方法手段是最积极、最有效、最廉价、最适合青少年儿童,是其他手段不可取代的。因此,体育教育对一个人的身体成长而言具有基础性的功效。

2. 学生"学会生存"的主要途径是体育教育

体育教育的终点就是让学生可以终身体育运动和传播体育知识,这也是学生进入现代社会求得生存的基本条件之一。在现代礼会,健康已经成为每个公民享有的最基本的权利。同时,体育参与也被视为人权的组成部分。让学生建立起良好的健康观、环境观、营养观、生活观、体育观、运动观、休闲观,以及相应的权利意识,并习得各种相关的知识、技术和技能,养成良好的体育运动习惯,将会有利于他们的一生。

3. 市场经济所需要的健全型人格基本是被体育教育培养出来的

价值观念是文化观念的核心,也是文化精神的集中体现,它是指人们对社会经济活动的价值判断或价值取向,也是健全人格的关键。体育教育有助于社会价值观念的调整。竞争是体育运动的灵魂,体育运动将使一代自立、自强、自信的新型人格成长起来,取代了自我贬抑、自我萎缩的君子人格。新一代人不尚空谈,讲究实效;不追求虚名,而注重务实。

平等是指人与人之间的一种关系,是人和人之间的态度,是在精神层面上可以有权力的平等、地位的平等。在市场经济条件下,平等观集中反映了市场交换的本质和交换当事人的基本关系。它要求每个人都享有平等生存、享受、发展的权利和机会。一切竞技体育比赛中所施行的规则、裁判、竞赛、选拔和奖励等,与市场经济的行事方式是如出一辙的。体育运动所负载与普及的平等观念对于整个社会接受市场经济的各种基本原则,无疑是有益的。体育运动给人们提供的情感体验是丰富多彩的,也顺应了青少年对情感的多方面需求。例如,在体育教育的世界里,人们可以得到对集体、社团的信赖感、依托感;在娱乐体育里,青年人因愉悦感和快感,而情满胸臆;在家庭体育里,一家人在和睦、欢乐中增进情感,在温馨、欢乐中给孩子增添不少乐趣;在探险活动中,人们在成功与失败、荣誉与耻辱、竞争与退让,乃至生与死之间拼搏选择,享受着各种复杂情感的"折磨"和冶炼,极大地提高了青少年承担风险、征服危险的能力。

4. 体育道德可以让学生遵守法制纪律

随着社会的不断进步、经济的快速发展,社会成员不能因为追求崇高的道德而放弃自身基本利益,所以社会保护个人合法追求自身利益的法律法规便由此产生。在市场经济条件下,人们的道德实践活动范围被拓宽了,道德观念更新了。然而也必须看到市场经济对人们的道德观念产生了一些消极的影响,如拜金主义的泛滥,唯利是图思想的作祟。体育教育是对负能量的行为有所限制和坚决抵制,在体育教育过程中,一些不利于学生本身的行为可能是有道德规范的,学生可以从中得到正确的、有正能量的观点,并且尊重社会道德和法制纪律。

5. 塑造新时代民族精神的重要途径是体育教育

在现代社会中,任何模式都不能使民族文化摆脱愚昧的观点,都不能使自身摆脱灭亡的厄运。从总体上看中国传统的价值观是建立在自然经济、产品经济基础上的,其中缺乏竞争意识、科学观念,缺乏培养和发展个性的环境和条件等都不能与新时代民族精神合拍。体育运动对弘扬民族精神的直观作用,就在于它树立了新的民族形象。而在体育运动中所表现出来的拼搏精神,极大地震撼了民族的心灵,成为亿万人民社会冲动的结晶。它牢固地维系着民族感情,使每一个成员都能享受到归属于它的荣誉感,认同于它的义务感。中国的现代体育与民族振兴的事业是血与肉的关系,存在天然般的亲密,二者是分不开的,体育的发展动力来自民族的意识,反作用于民族的自强。所以,这对于新时代的民族精神具有感性和理性的价值。

二、德育与体育教育二者之间的关系

一位西方教育家说:"教学如果没有进行德育教育,只是一种没有目的的手段,道德教育如果没有教学,也只是一种失去了手段的目的。"德育在素质教育中处于主导地位,起着决定性作用。体育和德育作为素质教育的重要组成部分是目的与手段的关系。德育教育渗透到体育教育的全过程,而体育是为德育服务的。

体育作为学校素质教育不可缺少的组成部分,担负着提高青少年身体素质的重要任务,而思想品德教育也是体育的教育目标之一。体育蕴含着德育,德育的目的在于提高人的思想道德素质,培养人的创造性。体育教学过程中蕴含了德育的因子,不仅为德育对象提供了一个健康的体魄,甚至体育本身已具备了德育的功能。体育是德育发展的重要保障。

体育教育承载着德育的全面实施,体育活动具有丰富多样性,每项运动都有其特点和要求准则,同时也有许多思想道德育人的因素,进行不同运动项目的锻炼,都能实现对青少年思想品德和个性的培养。体育运动可以在较短的时间内,为学生提供大量的情感体验机会,使某种品质在一次或某一时期的训练比赛过程中得到反复多次的强化体验,从而促进优良品质的形成。体育运动中强烈的情感体验,能深刻触及人的精神。这是其他任何一门渗透了德育教育的学科都无法达到的。情感体验是学生品德形成的关键环节,情感体验是学生道德发展的基础,情感体验能抑制"双重人格"的形成。青少年在这个时期具有自身的特点,同时也具有丰富的情感体验,这个时期对其道德品质的发展起着重要的作用。从这一点上来说,体育是德育的实践环节。

三、智育与体育教育二者之间的关系

智育是有目的、有计划、有组织地向学生传授系统的科学文化知识和技能,发展智力,培养能力的教育过程。体育教育与智育具有相互促进、相互渗透的作用。

(一)体育锻炼有利于学生智力的发展

智力是通过观察力、记忆力、想象力、思考力、判断力和分析问题、解决问题的能力表现出来的,而形成这些心理过程的物质基础是大脑。智力的发展,依靠大脑的发育,还依靠人的各种实践活动。

1. 体育锻炼对大脑具有促进作用,使其正常发育

大脑发育良好,是青少年儿童获得思想和智慧的保证。科学实验表明,体育锻炼能使大脑的重量和大脑皮层的厚度有所增加,这就为智力的发展创造了良好的条件。

2. 体育锻炼有利于增强大脑皮层的功能

经常参加各种体育活动,可使人体的视觉、听觉、触觉等更加敏锐,增强大脑皮层各个区域之间的联系,提高大脑的反应速度。

3. 体育锻炼对提高记忆力和思维能力有很好的帮助

体育锻炼能增强消化系统的功能,提高吸收系数,增加血液中血糖的含量,有助于增加大脑的营养物质。科学实验表明,经常进行体育锻炼,大脑组织的缓冲性、抗酸碱能力会增强,氧化酶系统的作用会提高,这些都有利于增强记忆力。

4. 体育锻炼有利于学生接受其他学科的知识和技能

体育锻炼不仅能提高对外界环境的适应能力,使学生的身心素质得到多方面的锻炼和提高,而且可以提高身体的灵活性、协调性和耐受性以及力量、速度等素质,这些素质和能力的提高对更快、更好地学习和掌握其他各种学科的知识、技能十分有利。科学研究发现,人在愉快、精神振奋的状态下,可以使大脑释放出激素,有助于学习和记忆力的增加。

5. 体育锻炼有助于提高大脑的创造性思维能力

近代生理科学研究认为,人的左右脑功能不同,左脑偏重于语言、逻辑和计算等智力活动,右脑则以空间识别、几何图形、音乐等占优势。由于大脑对身体的运动和感觉是对侧支配的,所以,一般人右手较左手灵活,左脑比右脑发达。体育锻炼能有意识地加强左手的

运动,有助于右脑的功能逐渐得到提高,促进大脑均衡、全面的发展。

(二)体育教育与智育的关系

1. 身体健康是智力发展的基础

身体健康是智力发展的保障。制约着智力发展的因素有很多种,如遗传条件、知识水平、智力实践等,身体健康是其中重要的原因。所谓智力实践就是多用脑子思考,勤奋刻苦的学习,反复思考和运用从各个方面所学的知识、所积累的经验,就能促进智力的不断发展。因此,身体健康状况的程度和智力发展水平的高低是相对的,不是绝对的,并不是身体越健康,智力就越好,而是身体健康为人的智力发展提供了一个良好的条件。在实际生活中,有的学生身体健康状况并不好,患有慢性疾病,甚至肢体残障等,但是他们通过刻苦的智力实践,也可能表现出较好的智力。当然,这些人如果身体健康状况好一些,就会更好地发挥他们的智力,做出更好的成绩。由此可以看出身体健康和智力发展有着密切的关系。特别是青少年儿童正处在生长发育的时期,体育锻炼对促进身体的健康成长和大脑的发育都具有积极作用,对他们智力的发展有良好的影响。

2. 智育也是体育教育因素中的一部分

体育教育是理论与实践相结合的教育过程,不是单纯的蹦蹦跳跳的肢体活动,它还蕴含着丰富的人体科学、身体锻炼、卫生保健等多方面的知识、理论和方法,这个观点已越来越成为人们的共识。但是,教育过程中,体育教育与智育也确有矛盾的一面,这种矛盾主要来自时间和精力。所以要合理、科学地安排体育教育课程的比重,在不影响学生学习的情况下达到体育教育和智育共同发展。

四、体育教育与美育之间的关系

美育即审美教育,是为培养学生感受美、鉴赏美、创造美的能力而进行的教育活动。体育教育与美育有着密切的联系。

(一)体育教育是和身体的美相结合的

身体的健康是人物质性的支柱,人们能否健康地生存,充满活力地运动,很大程度上是决定幸福的关键因素。在这个阶段对在校的青少年进行引导,让他们朝着健康美的方向发展,是体育教育的重要任务之一,这甚至关系到整个民族的身体素质和整个民族的健康形象。许多调查表明,片面追求升学率、轻视体育课,已对学生的身体发展造成了严重的后果,例如近视眼、脊柱侧弯等发病率都很高,许多男生不挺拔,女生不丰满,给人以萎靡、迟钝、怯懦的感觉。所以,体育教育应在指导思想上参照美学研究的成果,即它的尺度标准和它的理想境界,制定出一系列具体的指标和措施(包括家庭作业),来保证广大学生的身体获得健康与美的发展。这就是说,要通过系统的、科学的体育教育,使学生的脏器、神经系统、身高、体重等发育良好,具备适应外界环境的生命活力,同时在动作、形体和姿态方面又具有体育美的风度,从而显示出活泼、大方、矫健的青春朝气。

(二)体育教育与技能的美相结合

就具体的体育项目而言,无论是直接发源于劳动、游戏还是健身,一旦能被公众接受,被社会传播,它就会凝结成为社会的文化形式和社会的审美对象,由此其独特的竞技结构和独特的竞赛程序也就成为科学研究和体育教学的对象。从这个意义上说,体育教育中所进行的田径、球类、体操等技术的教学,就是一种非常严肃的知识传授和文化教育。例如它的动作构成在符合生物力学方面有着严格的科学规定。体育教育在具体的技术教学时,不仅要追求动作的合理与准确,更要在此基础上要求动作在幅度、力度、节奏等方面获得一定的协调感、韵律感和自由感,使广大学生能在课上、课后以及将来的业余体育活动中,表现出优美的运动姿态和良好的运动技巧。

另外,在教师的指导下,学生通过学习和实践,能了解和领悟到体育运动技术的结构和功能,可以浅显地判断出正确与错误之分,这样,学生既作为参加者,又作为观赏者,使表现体育美的能力和欣赏体育美的能力在同一个教学过程中获得同步增长和提高。

(三)体育教育与人格的美相结合

长期以来,学校德育在强调对学生进行心灵美教育的同时,往往忽视了对学生的人格美即意志、个性等精神品质方面的培养,这实在是一个很大的失误。现代社会的发展已使人类的整个生活容量和生活节奏达到了高密度和高频率的水平,也就对现代人(实际上也是对现代教育)的个性品质和心理品质提出了很高的要求。一个人是否具备良好的个性品质,将是能否适应现代社会生活,并为这个现代社会做出杰出贡献的必要条件。

当然,塑造学生的人格美,应由德、智、体、艺术、劳动等各个方面综合进行。但相比较而言,体育学科在这方面的教育功能将更为直接,更为显著。这主要因为体育一方面是以对抗和竞赛为内容,便于磨炼学生顽强、坚韧、自信、勇敢、机智等品质;另一方面体育又以进步和友谊为目的,便于培养学生坦诚、宽宏、谅解、互爱等品质,以及使学生在组织性、纪律性和集体观方面得到加强和提高。因此,体育教育应毫不犹豫地承担这一任务,有目的、有意识地通过操演、练习、竞赛,去激励学生克服困难。从更本质的意义上说,这个过程就是在鼓励学生克服自我,战胜自我,在引导学生净化自我,提高自我,从而在一种体育行为的磨砺和体育精神的陶冶中,渐渐地形成积极、健康的心理定向,以完成人格的升华。把培养人格美纳入体育教育的范畴,不仅拓展了体育教育的工作面,而且在发掘、提高其学科价值、内在功能即发挥体育所特有的教育优势方面,也显示出了强烈的现实意义。

(四)体育教育与最佳结构和最佳程序的美相结合

首先,体育教学应以多层次的有机姿态呈现在学生面前。例如,从队列、操列到技术学习,从分队游戏到组织竞赛,都应在服从某一阶段教学重点的前提下,巧妙地构成一个整体。再如,以短跑教学为重点，那么准备活动、游戏活动等内容都应围绕着短跑技术来展开，同时针对学生的生理、心理负担，安排一些调节性的整理活动、娱乐活动来做补充。这样，教学形式难易交叉、繁简交叉、训练与游戏交叉、集体活动与个人活动交叉，从而确定出最佳的教学程式，即多种手段的相互配合、相互协调，显示出弹性和力度，在节奏上形成美的韵律，在结构上形成美的组合，这就考虑到了多种手段组合的合理性和手段的运用与学生状况的适宜性。

其次，体育教学是一个自由度较大的动态系统，这是其他学科所不具备的特点。因为它是以室外活动为主要形式，以身体活动为主要内容，不同于课堂的限制。所以，它也就对教师组织教学的能力提出了很高的要求。教师要努力使自己的教学程式在运动过程中显示出明显的有序性，活动的组织、项目的转换、队伍的调动，每一步骤紧紧相连，每一环节紧紧相扣，从而使整个教学组合流畅、通达，充分显示技术环节，并进行补充提高，使学生对技术的掌握、提高及运用不断整体化及同步化，从而加速了学生掌握技术动作的过程。

现代学校体育教育的发展进一步表明：体育不仅可以强身健体，而且能有效地培养学生的思想道德品质，开发学生的智力，提高心理素质，陶冶情操，发展学生个性和增强适应未来社会的各种能力。体育在素质教育中处于明显的基础性地位。

第五节　体育教育与其他形式体育的关系

一、体育教育与竞技运动的内在关系

（一）竞技运动在体育教育中的意义

1. 竞技运动与健康教育的关系

20多年来尽管对学校体育思想有多种解释，但对增强体质、增进健康的指导思想，"健康第一"思想的确立，大家达成了共识。这种共

识是中国传统文化赋予体育社会功能的反映,也是多年来民族体质衰弱屈辱地位形成的一种自强意识的反映。在意识形态层面上,"健康第一"指导的思想是马克思主义人文思想在教育领域中的体现,是人权思想、人道主义精神和未成年人保护原则的具体体现;在操作层面上,它是学校体育对"素质教育"的最重要应答。当学生的健康和学业、社会工作等发生冲突时,要优先保证健康,在学校体育内部各种关系发生矛盾时,也要以健康为第一。

对健康应从身体、精神和社会三个方面理解。有一种思想在很长的一段时间里影响颇深,持这种思想的人提出"体育,就是身体教育,身体教育就是体质教育,体质教育就是身体素质教育"。这是一种非理性的、望文生义的非逻辑推断,其结果会导致学校体育的功能狭窄化,学校体育的手段庸俗化,体育教学变成枯燥乏味的身体素质操练,最终把学校体育搞成应付体育加试的附属品。

2. 竞技运动是培养学生运动能力的主要手段

在体育课上传授技术的一个重要任务就是培养学生的运动技能。我们不是以运动员的标准来培养学生,而是要提高他们身体活动的技能,使他们掌握更高的各种技术(包括生活技术、劳动技术、军事技术等)能力。一个生活在现代社会中的人,要经常学习新的技术以适应社会的发展,因此技能比技术更重要。任何一门学科都有自己的技能,但可以说没有一门其他学科像体育技术这样能全面地发展人的技能。一些简单的身体素质练习固然可以迅速地增加运动负荷,但是它把学生掌握技术的"过程"忽略了,而学生恰恰可以从这个"过程"中得到极其宝贵的东西——技能。不少教学实验证明,学生并不喜欢那些过于简单的练习,缺乏娱乐性、竞技性的练习,是难以持久的,因为它是和少年儿童的身心特征不相符的,也是和体育运动的基本特征不相符的。

3. 竞技运动有助于培养学生终身体育能力

当前,我国高等学校体育教学正在进行改革,有的学校二年级的体育课就成了运动项目的专项课,有的学校新生一入学就实行运动项目的选修课,有的学校甚至实行了运动俱乐部制的改革,每个学生都要参加一个俱乐部的运动项目。因此,在中小学没有运动基础的人根本无法适应大学的体育教育。

根据《中国群众体育现状调查与研究》提供的数据,我国城乡居民喜欢参加的体育活动项目排前几位的有:散步、游泳、跑步、羽毛球、台球、保龄球、足球、篮球、排球、乒乓球、交际舞、体育舞蹈、体操、气功、太极拳。这些项目中竞技运动项目占了较高的比例,也占据了较前的位置。除了散步与跑步,羽毛球、乒乓球和三大球的参与者较多,说明大多数居民群众还是比较喜欢选择竞技性、娱乐性较强的活动项目。因此决不能削弱田径、游泳、球类活动的教学。现在有些人提出打破竞技体育的教材体系,似乎还缺乏来自我国终身体育的实践根据。

4. 竞技运动有助于培养学生的竞争观念

体育运动与保守性格势不两立,强烈的竞争性督促着每一个参与者不断去创新和变革。在竞技运动中,不讲门第,不排世系,不序尊卑。在竞赛活动中,不承认除个人身体、心理以外的任何不平等。体育运动最讲法制,不徇私情;最讲现实,不论资历;最讲务实,不图虚妄。这就要求每个人尽自己最大努力去竞争,从而增强了参加者的竞争意识。

竞技活动的社会教育作用是其他任何文化活动难以比拟的。竞争是现代体育的灵魂,中国传统文化中的儒家思想所提倡的"夫唯不争,故天下莫能与之争"的恭谦退让的民族精神和淡化竞争、耻谈竞争的社会心理,是极不利于市场经济社会和现代化社会青少年培养的。从广义上讲,提倡体育运动有振奋民族精神的现实意义,从狭义上讲,是造就新一代民族个性的深远价值。

5. 竞技运动有助于学生树立良好的科学态度

体育科学研究出现在人类社会的时间不长,人们甚至还没有来得及将它写进科学技术史,然而它的发展速度却令人惊异。它不仅为人类研究自己提供了许多新的装备、仪器、技术、方法、经验和认识,而且向人们证实了对自身的研究也必须持有唯物主义世界观和辩证法的科学态度。

以科学实验的立场来看待竞技运动,会发现很有趣的现象,各国或各方面的运动员都是互为实验对象和实验对照组的。他们因袭着不同的哲学思想,采用各异的方式方法,经过某一周期的专业训练,靠及时的、残酷的运动竞赛来检验其结果,得出对某种思想和方法优劣的判断。而隐藏在某项记录、成绩背后的就是一个或几个科学的命题,如背越式跳高优于俯卧式跳高。因此,可以说体育本身就是一项非常完美而无止境的科学研究工程。这一工程的进展,从现实意义上讲可能负载了民族、社会、集体、个人的某些价值,创造出了丰富的竞技文化;从科学进程来讲,它积累了人类对自身的认识,扩展了自身的能力。它用一种感性的形式模拟了科学实验的过程,向社会提倡了一种科学的态度。就这个意义而言,现代体育必须保证其全力以赴和公正无私,因为它既是参与者胜负的标志,又是真理同谬误的试金石。在这里,人的主体精神、竞争意识、民主观念和科学态度达到了高度的统一。

6. 竞技运动弘扬了民族精神和爱国主义精神

唤醒、激发、振奋民族意识的重要文化手段是通过运动竞技实现的,它对弘扬民族精神的直观作用,就在于它树立了民族形象。竞技运动牢固地维系着民族感情,它使每一个成员都能享受到归属于它的荣誉感,认同于它的义务感。中国的竞技运动是在那种充满民族屈辱和痛苦的形势下与世界汇流的,这给中国现代体育的发展进程留下了深刻的印迹。振兴民族解放事业和中国的现代体育始终有着天然的、血肉般的联系,我们中国体育的发展动力来自民族的忧患意识,反作用于民族的自强意识。无论是我们在奥运会上争取金牌,还是我们推行全民健身计划,都深藏着这样一个民族文化背景。

7. 竞技运动有助于培养学生的主体精神和团队意识

竞技运动高举着主体精神的旗帜，高度重视参加者自身的内在需要，高扬人的积极性、主动性、创造性。这个参与过程是人自我完善的过程。在体育比赛的场合里，人的自由和个性得到充分体现，人的价值和尊严得到充分尊重，人的地位和作用，不因种族、肤色、性别、财产、门第、政治见解的不同而受到歧视。

培养学生的主体精神和团队意识可以通过运动竞技来实现。体育社团的存在价值体现在体育事业和社会的发展上。体育社团较少看社会背景，较少动用社会资源，成员的覆盖面较宽，因此有较大的社会容量，是社会成员实现社会参与的较好形式。许多发达国家有意识地利用体育社团进行团队意识、协作精神等某些社会伦理道德的培养。

(二)竞技运动在体育教育中的身份地位

体育教育与体育之间存有概念上的属种关系和相同的内部结构，因此竞技运动也完全可以成为学校体育教育的重要内容。多年来，竞技运动已经在学校体育教育中发挥了巨大的作用。早在十几年前，日本体育学者就把这种以竞技运动为媒介所进行的教育称作"竞技教育"(Sport Erlucation)，并把其归属于体育的范畴。近几年来，国内体育学者也提出了"竞技运动教材化"的观点。从学校体育教育的现实和发展趋势来看，竞技运动将作为学校体育教育的重要内容，越来越多地进入学校体育教育，这是不以人们的主观意志为转移的历史必然。

1. 传送体育教育知识的载体

20世纪20年代，中国学校体育的需求进行了改革，借鉴欧美改革后的学校体育，废除了兵操，制订了学校体育计划，计划中将竞技体育列为主要教学内容，但由于种种原因，竞技运动在学校体育中未能发挥作用。新中国成立后，我国学校体育全面学习苏联，体育课以运动技术传授为主,强调组织性和纪律性。时至今日,我国这种过分强调技术传授、教师的主导地位及社会要求的"三段式"体育课教学模式仍停留在新中国成立初期的水平。尽管如此,竞技体育由于其趣味性、锻炼身体的高效益性等特征,仍是完成学校体育教育目的的首选方式。学校体育的任务不仅是促进学生全面发展,还有增强体质、传授体育运动与健康保健知识等内容。在这一过程当中,竞技运动就是教育知识的载体,通过这种载体,教师与学生达成了沟通。如果没有"载体",师生之间将无法进行信息交换,更不用说完成学校体育的任务了。

2. 教学内容的具体形式

按照教学大纲的内容,传统学校教学内容有篮球、排球、足球、田径、体操、游泳等项目,然而都是偏重于运动技术的传授,还为教师预定了模式。这限制了体育的娱乐性和竞技性的发挥,同时限制了教师的主导作用。体育的娱乐性是受很多学生喜欢的,也能展现体育的魅力,一旦失去了体育的魅力,体育活动的内容就没有生命力。体育的娱乐性又恰恰蕴藏在体育的竞技之中,所以人们应当转变思路,更新形式,使竞技运动的娱乐性更为突出,更能适应学生的需要。

另外,为了适应学生体育文化的需要,学校体育作为身体文化和社会文化的一部分,必须在"健康第一"的思想指导下,更有效地提高学生的体育意识和体育素养,增加一部分健身性、娱乐性较强的体育内容。同时,还应加强体育理论知识的教学,促进学生生理和心理健康水平的提高。

(三)"教材化"对竞技运动的影响

1. 竞技运动"教材化"形成的原因

新中国成立以来一直作为我国学校体育教学主要教学内容的竞技运动受到多方面质疑,近年来,随着"终身体育"和"快乐体育"教育观念的引进和推广使用,有些学者提出竞技运动"教材化"的观点——即根据新的教学目标的需要,对竞技运动项目进行加工改造。通过对众多文献的查阅得出,目前阶段,提出竞技运动教材化,主要基于以下几方面的原因:

第一,竞技体育项目在体育教育中占据了主要的位置,而围绕竞技体育进行的教育又过多强调系统性、完整性,特别是用大量的时间进行技术的"精细化"教学,不仅效果差,而且有悖于体育教学的根本目标。

第二,竞技体育项目内容太多,技术复杂,必须用大量时间进行技术教学。而实际情况是体育教学的课时有限,完成那么多技术教学几乎没有可能。

第三,竞技运动项目规则繁多,过分强调技术规格,并因此影响了学生学习的积极性和趣味性。竞技运动项目具有"选择性、高度技巧性、体能极限性、训练专业系统性以及功利性、极端性、锦标性等倾向"。

2. 竞技运动教材化的重要性

竞技运动教材化的重要性由体育教学所需要的和学生自身所需要的两个方面来说明。

首先,我国采用的运动项目是"大众化"的,目的是确保每一个学生都能上好体育课,低难度,但却缺乏趣味性、竞争性,使学生对体育课十分厌烦,竞技运动的娱乐性、竞争性、挑战性等特征也没能体现出来,不会吸引学生,这是从学校体育教学的方面总结的。

其次,从学生自身来看,现代社会的快节奏、时代感对学生的影响也是很大的,学生的负担越来越重,精神越来越紧张,他们需要发泄情感,因此,竞技运动的挑战性、不确定性对他们的吸引力极大。

最后,竞技运动还是目前社会生活的一个重要文化娱乐领域,不管学校体育愿不愿意接受它,社会媒体已经全方位地传播、介绍其内容,学生从广播、电视、报纸上所接受到的竞技运动的影响大大超过了学校体育课中的教育。所以说,竞技运动教材化势在必行。

3. 竞技运动教材化包含内容

竞技运动本身所具有的规则性、竞争性、娱乐性等特性都可以吸引学生的注意,激发学生的兴趣,所以它在体育教育中占有很重要的位置。但是作为教材是不能将其全部照搬到学校体育课堂上的,必须结合实际,根据教育规律,以符合学生身心发展需要来进行改造、加工。在对竞技运动教材化的内容的选择上,大多数学者赞同毛振明教授的观点,即将竞技运动教材化内容分为以下四类:

(1)精教类

主要是那些与学生日常生活和终身锻炼联系较大的运动,如篮球、足球、乒乓球、网球、羽毛球等。

(2)粗教类

主要是那些在学生日常生活和终身锻炼中可能遇到的运动,如排球、游泳、跳远、体育舞蹈、武术等。

(3)常练类

主要是那些不需要多学,但需要常练的运动,如各种距离的跑、各种障碍跑、各种跳、基本体操、简单的器械体操等。

(4)介绍类

主要是那些学生需要了解,但不需要深学甚至不需要学的运动,如田径的投掷项目、撑竿跳、橄榄球、拳击等。

这样的分法,有利于学生对竞技运动的理解与把握,从而更好地投入体育学习当中来。

二、体育教育与群众体育的相互联系

体育教育是以全面发展身体,增强体质,传授体育知识技能,提高运动技术水平,培养道德为目的的,并且是有计划、有组织的教育过程,它与德育、智育、美育相结合,培养全面发展的人。群众体育在广义上是指人们为了达到和保持自身的身、心等诸方面的健康状态,提高人口素质,自愿在余暇时间进行的与身体活动有关的社会活动,也可以说是社会成员在余暇时间进行的体育活动;狭义上是指除了体育教育和高水平的竞技运动、武装力量集团以外的各种体育。体育教育是群众体育的源泉,而群众体育能促进体育教育的发展,体育教育需要群众体育来强化学校体育的效果并将体育教育转化为终身体育,而群众体育则需要体育教育奠定基础。

(一)形成体育人口的重要前提条件是体育教育的发展

一个国家经常参加体育锻炼人口的多少,标志着一个国家的文明程度。我国体育人口(指每周锻炼3次以上,每次30分钟以上)总数约为31.4%,高于发展中国家的平均水平,但与发达国家和中等发达国家尚有显著差异(英国占45%,加拿大占48%,日本高达70%)。体育人口大多在学生时代就喜欢体育运动,并养成习惯,这说明体育教育是形成体育人口的一个重要前提条件。

因此,如果要想使学生产生终身锻炼的意识和习惯,就应该注重兴趣与习惯的培养,多考虑学生个人发展的需要。如果学生自己的运动需求没有得到满足,就谈不上对体育的兴趣,当他们20几岁刚从学校毕业的时候,身体正处于最健壮的时期,也不会有直接的动机来调动其锻炼的兴趣,在学校期间的那些间接因素已经不复存在,其体育锻炼就终止了。所以体育教育如果忽略了培养个体的体育意识,就容易造成其学校后阶段因为没有终身体育的意识而导致体质的恶化,中年人产生健康问题甚至英年早逝的原因也在于此。

(二)体育教育是终身体育的重要基础

终身体育是指人们在一生中所进行的身体锻炼和所受到的各种体育教育的总和。终身体育是在现代终身教育思想的影响下形成的。20世纪下半叶以来,社会革命和科学技术革命大大地改变了社会的生产方式和人们的生活方式,现代社会一方面对人体的质量要求和人们对健康、文明、愉快的休闲生活的要求越来越高;另一方面现代文明给人体的健康带来某些不良的影响。为了适应高速度、高强度、高节奏的工作和现代文明对人体提出的挑战,终身体育也就应运而生。

终身体育要经历学前体育、体育教育和学校后体育的连续过程,不能只局限于体育教育。由于社会中的每个成员都要接受学校的教育,而学校阶段体育是终身体育的关键环节,它不仅对终身体育具有承前启后的作用,更重要的是它是终身体育的基础。主要表现在以下两个方面。

1. 要为终身体育打好体质基础

在学校学习的儿童和青少年,他们正处在身心发展的关键时期,遵循学生身心发展规律,施以良好体育教育,能有效地促进学生身体形态、机能和素质的正常发展。增进学生的健康,增强他们的体质,这既有利于学生在校期间的健康成长,使之精力充沛地投入学习,也可以为学生走上社会后的学习、工作、生活和从事终身体育打下坚实的体质基础。

2. 要培养学生终身体育的意识、习惯和能力

在体育教育过程中,要教授学生体育学科知识技能和科学锻炼身体的方法和原理,这一方面可以促进学生身体健康、增强体质;另一方面可以培养学生终身体育的意识、习惯和能力。终身体育的意识,一般可理解为对终身体育的认识,只有认识了终身体育的价值,锻炼身体才能成为自觉的行动。终身体育的习惯一般可以理解为在认识的前提下,坚持体育锻炼而形成对体育锻炼的兴趣,进而形成习惯,这样才能坚持不懈。终身体育的能力,可以理解为从事终身体育的本领。有了体育锻炼能力,才能更好地从事终身体育。锻炼能力主要包括自学、自练、自评、创造等能力。自学能力是指学生掌握体育知识与技能的本领,根据自身的情况进行自练和自评,对体育锻炼的内容选择、计划、组织,以及生理负荷调控和效果评定等;创造能力一般是指学生创造性运用已掌握的体育知识与技能的本领;这些能

力互相联系,构成了终身体育能力的整体。学生对这种能力的掌握与运用,能使学生终身受益,它对学生进行终身体育极为重要。

(三)要做好"全民健身计划"的准备

体育教育工作的首要任务是培养学生的正确体育观。体育观是人对体育在人类生活中重要作用的总体看法,它是人们对锻炼身体、增强体质、延长生命等认识过程的深化总和。体育观的核心就是终身体育思想。体育教育工作在培养学生正确体育观的同时为实施"全民健身计划"提供思想保证。参加健身活动的人除了应掌握锻炼身体的具体方法、内容、手段以外,更重要的是要有明确的锻炼目的和积极的态度,这样才能持之以恒收到实效。

体育教育工作的重要任务是培养学生的体育运动能力,养成终身锻炼身体的习惯。这不仅是衡量体育教育工作成绩的重要标志,还是推行"全民健身计划"的先行条件。用科学的方法不间断地进行体育健身活动,通过自学、自练,主动参与体育的意识就是指学生能否利用体育教育所获得的知识、技能、技术,根据当时的生活环境和工作条件,有目的地选择那些适合自己情况的锻炼身体手段和项目,只有对体育运动产生了深厚的兴趣和爱好,并在体育活动中获得快乐情感,人才能养成锻炼身体的习惯,才能使他的体育运动能力得到进一步发挥。

使学生掌握基本运动技能和学会锻炼身体的方法是体育教育工作的重要手段。从体育本身固有的规律进行分析,任何形式的健身活动都是通过运动技能和锻炼方法来表现的。体育运动本身的"健"与"美"、运动竞赛本身的"拼搏"与"对抗"以及体育游戏的生动活泼和趣味性强都是运用高超的运动技能,合理的锻炼方法来完成的。兴趣是一种心理倾向,一个人掌握的运动技能和锻炼方法可直接诱发体育活动兴趣、爱好、习惯的形成。随着环境的变化和年龄的增长,一个人的喜好也是会发生变化的,但也要找到运动技能和锻炼方法。因此,体育教育工作使学生掌握基本运动技能和锻炼身体的方法能为实施"全民健身计划"打好技术基础。

以增进学生的身心健康、增强体质,为终身体育作为体育教育工作的本质,并为"全民健身计划"打好身体基础。根据青少年生长发育的生理、心理特征,有目的、有计划地上好体育课,抓好早间操,开展小型多样的课外体育活动,促进学生身心的健康发展,增强体质,这为学生走出校门步入社会,参与全民健身活动打好了身体基础。

体育教育是提高体育人口数量,倡导终身体育和实施"全民健身计划"的基础,为终身体育和实施"全民健身计划"做好了思想、能力、身体和技术等方面的准备。

第二章 体育学视域下人的全面发展的理论维度

第一节 体育哲学维度

一、体育中人的主体性与客体性

(一)实践的人:主体性和客体性的统一

本节主要采用马克思主义的唯物辩证观来阐释体育中人的主体性和客体性。从宏观的"人"来看,马克思坚持唯物主义客体性,反对费尔巴哈的客体性原则,由此确立了辩证唯物主义的主体性原则,特别是以实践为特色进行详细论述。实践是主体和客体的统一,其中作为主体的人的实践是起主导作用的一方,作为客体的自然界或物质则是被动作为对象的一方。实践离不开客体对象,客体对象也可能成为主导进而起决定性作用,人根据自身的主体性规定着实践的特征,实践则是以主体性原则显示出自身的本质。

客体是相对于主体存在而言的,是指以人为主体的一切活动对象。客体不仅是指与人的活动相联系的对象事物,还包括人自身,因为人具有双重身份:一方面,人作为主体在自己的活动中能够与本身以外的事物建立起一种主客体的关系,同时人为了维持自己的生存和发展,必须把自己以外的事物作为客体的事物来对待,认识和改造世界就是人要把自己以外的事物作为认识和实践的对象客体的过程;另一方面,人在自己的活动中既能把自己作为主体而存在,又能把自己作为客体对象来加以认识和改造,从而使人具有客体的性质。所以人自身常常表现为一种主客体的统一。

(二)体育的特殊性:以人自身为客体的实践活动

在人类为解决与外部自然关系而进行的各种活动中形成和发展起来的体育活动,经过漫长的历程走到了今天。回顾历史,人类文明史曾出现过许多令人叹为观止而又盛极一时的文化现象,然而大部分伴随着那个特定的历史时代匆匆终结,那些文化现象逐步被历史抛弃或趋于衰败。与这些历史文明对应的体育活动,不仅没有因为时代变迁而凋零,反而日益兴盛,在人类社会中发挥的作用越来越大,影响力也越来越深远。体育为什么会具有如此大的生命力?体育为什么在人类社会中的地位越来越重要?这些问题的答案深藏在体育本身之中,只有从哲学的视角对体育进行特殊性分析,才能做出较为合理的回答。

通过人的主体性和客体性分析看出,体育活动的特殊性并不局限于人把自身作为客体对象来加以认识和改造,因为按照这种逻辑推导的话,日常生活中的医疗、教育、战斗等也都可以说成是人把自身作为客体对象加以认识和改造的活动,也就无所谓特殊性。体育活动之所以特殊,是因为在体育活动中,主体和客体是不可分离的。医疗、教育、战斗等活动在实际生活中,人作为不同的主客体是相分离的,但在体育过程中却不同,作为主体的人和作为客体的人是不可分离的。换句话来讲,在体育活动中,人的主体性和客体性因为统一而获得了最真实、最完美的存在形式。

最初人的存在也是纯粹的自然物。这个时候人还没有从动物界分离出来,对它的发展起作用的主要是生物进化的自然规律。人与猿分离之后,人类以改造外部自然为主的活动影响着人的生存和发展,并在客观上让自身发生肉体和精神的改变。这时"人造客体"的性质也在人身上体现出来。然而在改造外部自然的活动中,人所引起自身改变的同时,一种自发的、盲目的性质也在人身上体现,这个过程还不是自觉、自由的过程。当人的自身被人类作为客体来进行认识和改造时,这一自发的过程便开始向自觉的过程转化。从客体方面上说"人造客体"是人的发展过程的高峰,人作为主体的发展同它一样达到了高度统一。"人造客体"和人作为主体发展的最终目的都是一样的,都是实现"人的全面发展"。体育是人类在长期改造自身的活动过程中逐渐形成和发展起来的一种活动。

(三)主体能动性:体育中人的"自我改造"的必然

体育活动的特殊性不只表现在人以自身为客体上,如果单单停留在这一点上,体育活动就难以与其他人类改造自身的活动区别,也就无法谈及特殊性。我们所知道的教育活动,在培养人自身的实践活动中也具有一定的意义,但是主体和客体在教育活动中是分离的,所以教和学的主体和客体也就是教师和学生。而在体育活动中,直接统一、浑然一体的就是主体和客体,体育活动的主体和客体完全可以理解成人的两种属性,既不是两个割裂的东西,又不是两种存在,它们有同一的形式。

正如前文所讲,体育活动把人自身当作客体进行改造,但不是说体育活动中人只是当作客体而被消极、被动地改变,这样就会丧失主体能动性。实际上体育活动是作为主体的人对待和改造自身的过程,也就是我们常说的"自我改造"的一种具体形式,整个体育活动中贯穿着主体能动性的作用,受主体的控制,把活动的目的、计划、具体方式等按照主体的意志实施。换个角度考虑,人在体育活动中也具有客体的特征。随着体育活动的进行,人的身体素质、精神都会发生改变,客体通过这种改变更加接近主体所希望达到和追求的某种目标,进而实现人的对象化。所以也能这样说,人在体育活动中是主客体合二为一的,完成身体自我改造必然依靠主体的积极能动性,这也是体育活动中的人所具有的深刻辩证性的生动体现。

二、体育中人的自我和他我

(一)自我:体育中人的本我和客我的互动统一

"自我"来源于符号互动论的开创者米德,他认为自我是客我和本我的统一与对立的综合体。客我是自我的客体,自我又是其他人的客体。本我先于客我,本我是下一个时间的客我,客我又是早期的本我。本我是历史的产物,内容由自我出生时的生物和社会文化等因素决定。

自我是客我和本我互动产生的,自我的本质又是通过本我和客我的互动结果——现实的行动产生出来的,这些行动包括本我和客我的谈判、对话等。本我提出具体的要求和期望,客我则对这些要求和期望加以鉴别、约束,分析哪些可行、哪些不可行。比如我们在购买汽车时,要从多种汽车品牌中选择一个品牌,这种选择不是简单的随机选择,而是由客我决定的。客我可理解为我们"生活区域内的一员",是自我设想已被组织好的他人的一套行为准则。选汽车是因为受到无形的、隐藏在现实之后的"社会的控制",如发动机的耐用性、汽车外观等因素等都会无形地影响着选购的汽车品牌。从选择汽车品牌的例子,我们不难理解体育中人的自我是如何实现的。首先,体育活动中的人都有参与体育锻炼的本能希望(本我),但是受到种种社会约定俗成观念的影响(客我),有的人真正参与了体育锻炼,也有一些人不自觉地放弃了体育锻炼(自我)。其实米德的思想是对西方哲学的社会实践化,使人更能从社会应用中领悟到哲学的真谛,使其不再虚无缥缈,让人感受到哲学思维的真实存在。站在哲学的高度厘清体育中人的本我、客我、自我的关系,对于更深入地理解体育中人的其他行为有重要的指导意义。

(二)他我:体育中人的自我升华的结果

米德的自我、本我、客我,乃至他我,并不是我们常人所理解的字面含义,这里的他我不能理解为他者或他人,说来说去,这个我那个我,其实还是指现实中的我,是指一个人,他我是自我升华的结果。仍以购买汽车的例子来说明这一观点,受到客体的影响,本我可能选择购买 A 汽车,这是真正行动的前奏,准备使行动外在化,这是米德分析行动性质连续功能的第一步(自我)。自我快变成现实的时候,又听到周围的人说买 A 汽车是不爱国的表现,而自己又是一个极其爱国的人,那该怎么办呢？于是就按他人可接受的准则去修正、改变即将产生的行动,最终购买了 B 汽车(他我)。所以说,文中所说的"他我"其实还是自己,所有的这些"我"都是说本人,只不过有些是主观意识中的"我",有些是客观现实的"我"。

参与体育活动的人的他我也是这样实现的,并不是完全地改造他人才称作"他我",他我应该是以他人可以接受的行为准则改造自己,是自我意识得到升华的结果。人在采取行动前要与他人先比照一下:我将来做出的行动能否被别人接受,我做出的体育参与行为能否得到大多数人的认可,我如何付诸行动。本我有习练太极拳的健身意识,客我觉得习练太极拳不能起到健身的效果,也许就形成了自我骑自行车的冲动,后来又受到自行车场地的限制,与他人的锻炼方式多方比较后,觉得游泳能起到更好的锻炼效果,最终以他人认可的行为实现了他我。这里的他我其实是自我的另一种升华。

第二节　体育人类学维度

《国际社会科学大百科全书》将"人类学"定义为关于人的研究的学问,这是一个相对宽泛的概念,是关于人类研究最全面的学科群。全面性在于它与整个人类社会的地理学和年代学的范围相关联,其有两层含义:一层是指关于人类体质的科学;另一层是指人类精神的科学。应该说人类学的范畴很广,是博物学的一门学科,包括人类的特征、人类的地位、人类的由来、人类的系统、人类的文化及其改良等。

体育人类学是人类学的一个学科分支,它从宏观上研究体育与人类发展的关系,从体质和文化的角度揭示体育对人类进化、发展的影响,从而更好地发挥体育的各项功能,为人类健康服务,造福于人类。刘一民等曾指出,在马克思主义有关人的发展理论的指导下,开展人类学研究的原理要按照历史唯物主义的观点去研究体育与人的发展关系,这样的科学才应是我国的体育人类学。体育人类学是人类学与体育的有机结合,不应该是单纯的理论研究,不应该是人类学知识的简单应用,人类学的特点得以体现,又使体育的特有功能得以发挥。体育人类学是多重复合成分的综合创造,包含实证和思辨、考古和展望、自然与社会、生理与精神等,是体育过程中人的本质和发展对体育的要求得以真正体现的科学。总体而言,体育人类学运用人类学的观点和方法来考察体育现象,也可以理解为人类学在体育学科的应用,反过来说,体育作为历史、文化和政治的一种现象,对当时的社会发展也做出了反映。

一、人类发展的视域中的体育

(一)人类进化与体育萌芽同步进行

人类起源是一个相当漫长的历史时期,这一时间可以追溯到直立人的出现。两足行走意味着人类起源的开始,如果没有两足行走,丰富多彩的人体运动形式就不会被创造和发展,体育就变成了无源之水。两足行走解放了双手,人类有意识的身体活动逐渐超越纯生物的层次。

两足行走不仅是一种重大的生物学改变,而且是一种重大的适应性改变。两足行走使上肢解放出来,使人自觉地用双手去操作生产工具,进而掌握运动器械。两足行走过程使人类身体形态发生根本性改变。直立行走使头部逐渐由前倾变为垂直,脊柱自然托住了头部,为大脑进一步扩大为球形创造了条件,同时扩大了人的视野,进而促进了头部各种感觉器官的发展。此后,人类必须用非凡的智慧来弥补身体的改变,可以说人类被动地告别了"头脑简单、四肢发达"的时代,大脑的完善和肌肉的消退为体育的需求自然地埋下了种子。如果没有两足行走,猿不可能变成人,人也就不会发展为今天这样的体质。两足直立行走使猿变成了人,并使人类创造体育与自己相伴。

两足直立行走与体育的起源有着潜在的关系。人类最先使用的石器工具和人类早期的食物,对人类的体质的变化也产生了深远的影响。由于工具的使用,人类祖先的食物越来越复杂,觅食的范围越来越广,大脑得到了前所未有的营养和发展所需的物质,同时成功生育后代的机会也增大。工具的使用、人类饮食水平的提升、火的使用以及动物的驯服,使人类逐渐走出"茹毛饮血"的时代,扩展了猎食的范围,缩短了食物消化的过程,降低了疾病的发生频率,促进了体质的健康发展。

人类的早期进化为体育的萌芽奠定了基础,从人类学的角度看,从猿到人过程促进了身体运动形式的改变,石器时代的生活促进了人体结构的改变和大脑的变化。原始形态的竞技、余暇游戏和身体文化等都为体育的萌发提供了先决条件。

(二)原始社会的潜体育逐步显现

人与其他动物的本质区别是社会性,为体育这种社会现象的产生奠定了深厚基础的是原始社会的逐步形成。因为当时生产力水平极其低下,人为解决温饱问题几乎耗去全部精力,所以脱离生产劳动的行为还不能产生,形形色色的身体活动都围绕生存这一目标进行。

到了原始社会早期,人类主要通过采集天然植物的果实和猎获鸟兽虫鱼来获取生存食物,在狩猎过程中常常需要同野兽搏斗,因此原始人群中的长者必须把与野兽搏斗的经验传授给年青一代,使他们掌握狩猎的要领,并能在长期的实践中有所创新,从而猎取更多的野兽。在长者向年轻人传授技术的过程中,身体的训练当然是主要内容之一。这些身体训练的活动形式基本等同于今天的体育活动,但是我们要清醒地认识到,当初这种身体训练的目的并非增强体质和增进健康,而是为了掌握赖以生存的生产技能,是学习简单劳动技能的必需环节。即便是年幼一代的跑、跳、攀爬、悬垂等基本运动能力的训练,也主要是为了传授身体技能。这些身体技能的传授是客观存在的,虽然没有增强体质的意识,但是起到了增强体质的效果。年青一代及年幼一代学习劳动技术的过程其实就是一种潜体育。在人类社会的潜体育时期,综合性体力劳动对潜体育需求的制约,使竞技的萌芽沉浮于战斗、游戏及择偶活动中,这是人类社会发展中原始欲求的直接宣泄,使得一些貌似体育的东西时隐时现。

(三)人类生产方式的改变影响着体育发展

人类出现在地球上已有数百万年,最初的人类是靠采集野生植物、猎取野生动物、捕鱼等维持生活的,后来相继出现了农业、畜牧业和工业。这些不同的生产方式决定着人类是否对体育产生需求以及对这种需求的程度和形式,进而影响着体育的发展和演变。

远古时期的狩猎和采集包括系统地采摘植物果实、打猎和钓鱼阶段,这是一个相当漫长的阶段。在原始的生产方式下,生存下来是首要目标,体育意识很难在这种条件下产生,只有很少的竞技游乐和闲暇时间,而且这些竞技都是无意识的竞技。

到了粗耕农业阶段,人类主要凭借体力完成播种、收割、储存等整个农业的生产过程,因而人类的身体活动是劳累的、过度的,很少有闲暇时间实际地参与体育活动。到了阶级社会,少数上层的人才有了游乐的条件。在畜牧业发展阶段,人们主要靠饲养动物获得奶、乳清、乳脂、肉等维持生存。这种生存方式与粗耕农业一起并存了几千年。比较单调的游牧生活使闲暇时光变得充足,一些传统的游戏与竞技和牲畜有关,例如,内蒙古牧区盛行的叼羊、赛马等就与其生产方式密切相关。

在精耕农业阶段,人们开始使用牲畜工具、犁铧等农业劳动工具。体力劳动越来越少,人们的闲暇时间越来越多,他们不用再为基本的生存问题费心,此时,较大规模的传统体育和竞技游戏主要是为了享乐。

在工业化阶段,机器以矿物燃料为动力,可以满足食物生产、加工及其他方面的需求,生产过程的机械化、自动化、科学化程度不断提高,直接作用于劳动对象的体力劳动的比重逐渐降低。随着劳动过程逐渐智力化,对劳动力素质的要求不断提高,这不仅体现在对劳动者身体运动能力和劳动能力的要求上,还体现在对劳动者文化技术素质的要求上。良好的身体素质是提高劳动者文化技术素质的重要条件。这种生产方式下产生了最强烈的体育要求,体育的健身性得到充分展示。

(四)人类自我完善的发展离不开体育的回归

人类发展进入以大工业生产为基础的时代,其特征是科学从劳动过程中分化出来,获得了极大发展,又转回来实现生产技术化:一是用自然力代替了人力,系统技术、知识代替了个人的零碎经验,在机械生产面前,即便是经验丰富的工人也显得微不足道;二是生产的管理过程通过科学变得程序化、技术化,同时也使生产变成肉眼和感知无法把握的过程;三是生产被科学赋予革命的本质,小生产者狭隘经验的束缚也被逐渐剔除,生产发展变得迅猛。机械化、自动化、科学化程度的大工业生产得到不断提高,而直接作用于劳动对象的体力劳动的比重却不断下降,劳动过程向智力化转变,使得综合性体力劳动向片面性体力劳动工作突变。这种发展形势使脑力劳动增加、体力劳动减少,文明程度增高、体质水平却有所下降。

与此同时,积极追寻健康体育的崭新面貌出现。其中表现出的体育对工业生产的促进作用包括:体育锻炼使劳动者的健康状况得到改善,患病率降低,劳动者的出勤率提高,医疗卫生费用相对节省;体育锻炼使劳动者的体力和精力提升,从而提高劳动效率。体育成为人类防止体质急速下降、提高劳动效率等的有效方式。全民体育与终身体育开始将人类的理想变为现实。

体育的回归是人类社会发展的理想境界,其真正得以实现还有相当长的路要走,因为工业化的时间还较短,社会产品还不能满足全体社会成员的需要,剥削及不平等的现象依然存在,一些人无偿占有他人劳动成果的事件时有发生。社会发展中"体育回归"概念的提出仅仅是体育本性回归的开始,它虽历经各种磨难,但最终必将在更高的社会发展水平上与生产再一次结合,它是生产本身高度智化的结果。到那时,人类就进入自然体育的时代,全人类对体育的产生和存在的价值会有真正的认识,体育的本性将得到最理想的实现。这种体育是促进人的全面发展的体育,人在体育活动过程中得到一种解放,一种完美的自我得以实现。

二、体育视域中的人类发展

(一)适应和锻炼促进了人类的进化发展

人类起源的"进化论"观点认为,从古猿发展到人类,人的体质发生了一些变化。从直立行走到双手解放,到促进大脑容量的发展,以及语言的产生,可见人类的进化过程一直在不断继续着。人类通过进化相继出现了黄、白、黑、棕等人种,以及各民族特征的分化。这些变化都与当时的生活环境(如各洲)和生活方式(以劳动为主的各种身体活动)显著相关,是机体与环境相互作用的历史结果,这就是适应。古猿要在当时的历史条件下生存必须学会适应规律,自觉锻炼,这些都不自觉地促进了自我发展和进一步完善。科学发展也会顺应历史和环境的选择,不断提供良好的理论指导和技术支持,加强和加速这个进步演化过程。

(二)身体训练是人类机体充分发展的必要条件

自人猿分化以来,影响身体发展的一切有意识的身体活动都可被视作身体训练,或者把其看成耦合身体训练的身体活动。人体的骨骼、肌肉等各部分的机能，甚至是整体的结构和功能能够得以完善，都依赖身体训练。因为人体具备较高的可训练性，这种可训练性主要体现在人在所有动物中是领悟能力最强的。

历史上的训练工作体系是在目的、手段和效应的反复运转过程中逐步形成的。在内容上，对训练手段进行选择、设计并配伍成系统；在过程中，对强度、量、间歇等因素做适当安排，以建构不同层次的训练波浪；再结合恰当的生活背景，更好地实现恢复和重建功能，形成科学训练的工作体系；体系初步形成后，再按照效应与目的比较重新建构，以促进人类机体的日渐成熟和发展。重构的训练体系又对具体的训练接受各种效应的反馈，进而促成训练工作的进步和优化。可以说，体育对身体的训练就是在循环往复的过程中不断促进机体的自我完善和修复，任何人都不可脱离这一过程。

身体训练的过程对于大多数人来说不是专门的，但是他们不自觉地接受着这一训练过程，应该说人类发展到今天，身体的形成过程无不渗透着身体训练的点点滴滴。身体训练从宏观上说是复杂的社会系统工程，这一点目前还没有被广泛认同，但是身体训练促进了人体机体的成熟和完善这一事实是任何人都不可否认的。

(三)体育在潜移默化中改善着人类的思维认识

儿童心理学家皮亚杰曾指出身体活动是思维认识发生的先导和基础，有了必要的身体活动，人的思维意识才会得到良好的改善，适应整体的发展。这样的例证可以在生活中找到。苏联每年将从养殖场孵化的上亿鱼苗投入湖泊，用以改善生态环境，但是鱼苗的成活率很低，野生的鱼苗成活率却很高。经动物学家研究发现，同体重的鱼苗，人工孵化的要比野生的鱼苗脑量小得多。后来，动物学家在人工孵化基地设置了很多假想天敌，新生的鱼苗为了生存，不自觉地接受了"游泳训练"，再把这些鱼苗投放到湖泊，成活率得到了明显改善。这说明脑量起了关键的作用。大脑是治理的物质基础，同时需要靠身体锻炼来实现，可以说身体活动也是大脑充分发展的必要条件。

这一实例引申到人类,同样是正确的,只有参与必要的身体锻炼等体育活动,才会促进人的大脑发育,进而促进思维格局的形成,使人适应千变万化的复杂社会。

必要的身体活动是消除智力和其他心理疲劳、调节心理状态的重要手段,也是娱乐和艺术创造、艺术享受的手段,还是人类达到自我实现的手段。另外,参与身体锻炼的个体,可以在体育活动中调节感情、强化意志、陶冶性格情操,进而达到成熟发展的目的。它不仅可以影响个体的精神状态,还可以影响群体乃至社会的情绪。每到大型赛事举办时,高水平的体育运动甚至能在国家、国际范围产生广泛影响。体育运动越来越受到教育家、政治家、企业家等的重视。

(四)体育在人类发展中始终扮演着社会的积极因素

在体育学视域下研究人的发展,因为人是社会的人,社会是由数以万计的个体组成,所以必须探讨其对社会的影响。体育只有得到社会的支持才能发展,人类的发展、社会的发展也依赖体育的发展。体育同卫生、教育、文化、军事、外交、政治、法制等社会各方面有着千丝万缕的关系,彼此之间有相互促进的作用。体育同卫生保健的关系,在古代就被有识之士重视,体育与军队、安保事业的关系更是众所周知的。人类历史的车轮走到今天,已经进入"现代文明病"高发的社会,体育在人们日常生活中扮演的角色显得更为重要。

体育被看作教育的一部分,影响着教育中的德、智、美、劳,乃至整个教育的发展。教育以身体为载体,没有良好的身体,谈教育是毫无意义的。单有超人的大脑,没有强健的身体,也是不行的。以智育来说,人类的许多新发明来源于实践活动,这些实践活动中必然有身体活动,身体活动就是体育的一部分。例如人类能够认识橡胶就得益于胶球游戏,没有在游戏中接触到胶球,可能就没有人去探寻胶球的来源,按照这种逻辑推理,体育在实践中促进智育的发展是合适的。从德育角度来看,体育是协调人际关系时最富有社会性和进取性的一种教育手段。曾有西方国家连续七年采用体育夏令营的方式教育不良社会青年。在国际体育比赛中,无论是经济强国还是弱国,无论资本主义国家还是社会主义国家,无论王子还是庶民,只要参与到体育比赛中,就必须执行统一的章程、遵守同一规则。体育拥有共处、参与、竞争和自强意识,隐含着民主和法治观念的体育精神的社会德育作用。体育有助于人类社会建设更有意义、更为美好的社会。

体育与经济的交互作用已为人类社会所瞩目,体育作为健康身心的手段为一切用人领域所需要。体育支出从消费性支出逐渐变为消费性和生产性混合支出,现代企事业大都以职工的健康为企业生命线来开展职工体育,用部分资金举办体育比赛,不仅激发了职工的锻炼热情,也使其有了良好的身体,因此可能给企业创造更多的价值。体育作为一种娱乐手段,促进了生活质量的提高和信息的传播。赞助体育比赛、与体育"攀亲"是一些知名企业提高社会知名度的主要手段,试想凡是重大的体育比赛,哪一次都少不了国际知名品牌的赞助,赞助体育正在成为许多企业竞相进行的兴业措施。

第三节 体育社会学维度

一、体育与人类社会发展

(一)体育为人类社会发展提供重要的场所

体育是人类在进化过程伊始就一直存在的身体活动,是人们挑战极限、展现自我的一种身体活动,人们希望在这些活动中得到较为直接的、令人愉悦的主体情感的抒发和宣泄,这一活动的特殊性是其他活动所不能媲美的。体育活动以其特有的竞技性、娱乐性、易于参与性、活动形式的喜闻乐见性等特征,自然产生了巨大的吸引力,汇集了大量民众参与其中,体育活动逐渐演变为世界影响广泛、受大众喜爱的活动。因而,相关的体育社会学家习惯把体育活动描述为富有潜力、记忆力和影响力的个人与社会的活动体验场所。之所以将体育定义为社会活动的场所,是因为在一些学术大家笔下有这样的描述,"……是讲述故事的理想场所,人们可能通过这些故事对生活中什么重要以及生活是什么,形成观念。这样,体育运动成为重要的社会现象,因为它是人们经常获得词汇和看法的背景,这些词汇和看法告诉他们如何看待和评价自己及世界的其他部分"。

回顾历史的发展,体育运动作为一种特殊的社会活动,对现今人类的日常生活有广泛的影响和得到普遍的认可,而且同以往的体育活动和比赛相比较,其与培育人才、制造利润、爱国主义和个人健康能更加紧密地联系在一起,这将对人的社会发展和控制过程起到积极有效的作用和效果。因而,"当代无论是发达国家,还是发展中国家,都对体育给予了极大的重视和关注。这种重视和关注,既表现在社会宣传、社会舆论上,也表现在体育的国家立法和投资上"。

(二)体育是人类社会发展的润滑剂

人是社会中的人,不是孤立的人,整个社会要进步要发展,离不开社会各个组成部分和社会成员的沟通和交流。体育能够担当这一重任,是因为参与体育锻炼的个体因共同目标走到一起,以体育运动为契机,加强了其他方面的沟通和交流。

体育运动可以有效消除人际沟通中的社会结构障碍,自觉地发挥着润滑剂的作用,有助于弹性社会结构的建设,它将原本机械的社会结构变为富有弹性的社会,使整个社会机构运行得更加和谐。丝毫不考虑各自的社会地位、社会职业等方面的差距在现实社会交往中是不可能的。然而,清晨在公园里锻炼的高校教师和爱好体育锻炼的环卫工人却能自然地结下深厚的友谊。同事之间在工作上难免会产生误解和矛盾,这时可以通过一起参与体育活动,在互相配合、友好协作的氛围中沟通、交流,从而获得彼此的谅解。这时,体育就扮演了"中间人"的角色,使其相互谅解、摒弃前嫌,在之后的工作中互相配合,甚至成为好同事、好战友。观看一场国际大型体育赛事,互不相识的不同国家、不同人种的人们能自然地一起鼓掌呐喊,彼此拥抱,握手祝贺。这种真、善、美的人际关系往往不夹杂私利,这都得益于体育精神的呼唤和激发。有学者指出,"在没有社会公害、突发不可抗力的自然灾害下,很难找到比体育更有效的——人与人的交往中能够迅速解除心理防卫的状态,迅速进行沟通的其他事情"。

体育运动有助于人际沟通,使人更易获得直接的、面对面的情感交流。虽然信息时代的电话、电视、网络等使人们交往的手段和范围得到了极大发展,但这些交往手段是一种简约的、间接的、往往不那么有人情味的交流方式,在深层次的情感沟通上,虚拟多于真实,因而交流中的感情便不可避免地被稀释。而在参与体育运动的过程中,人们之间的交流是直接的、面对面的,是一种自然的、发自内心的交流,这种交流强调的是直接参与和真实参与。感悟自然、体验真实已经成为一种不可多得的雅兴和情怀,也是人与人之间最淳朴的交流方式。可以说,体育在无形中扮演了人与人、人与社会之间的润滑剂,它为人的精神沟通提供了广阔的天地和简易的方式,用一种可见、可不见的方式将人们汇集在一起,通过肩并肩的表演和比赛,人们相互沟通、理解和学习,进而建立真挚的友谊。

(三)体育是人类社会发展的"安全阀"

体育运动要想保持良好的社会秩序,不仅要通过使人们学习社会价值和规则的方式提供社会化经验,而且要提供种种能够安全地释放紧张和挫折的环境。

在现代社会中,没有竞争的社会可能是腐败丛生、死气沉沉的社会,所以社会发展的一个重要的推动力就是竞争。竞赛是体育中最活跃、最积极的因素,竞赛因素无处不在。往小说是茶余饭后的小型对抗、博弈,往大说就是轰动世界的奥林匹克运动会。如果说在体育中把竞赛因素剔除掉,体育就不再是龙腾虎跃、生机勃勃的体育。体育运动的魅力最重要的就是它所具备的竞争性。

我们把体育运动与社会发展的契合点——竞争——寻找出来。人们一方面通过体育运动培养竞争意识;另一方面通过体育运动将社会竞争中表现出来的攻击、侵略等天性消释。现代社会要想成为文明社会,最重要的发泄攻击性的活动就应该是体育运动。正如社会生物学创始人美国斯坦福大学著名教授威尔逊所说:"人类的攻击本能就跟其他动物一样,这种内驱力要想得到某种释放就必须通过竞争性体育运动或其他方式。"体育运动功能之一就是为人们的竞争活动安上一个保险、灵活的"安全阀",从而代替那些不可或缺但又危险的攻击类型。人们既发泄了狂热的情绪,也不会为此而增长仇恨。

当然我们也不能高估体育运动的"安全阀"效应,毕竟它还是无法完全代替社会道德和法治教育,无法取代军队和警察的社会威慑力,因为它从根本上不能解决社会冲突问题,还可能产生副作用,所以对体育运动管理不善、放任自流就会酿成不可估量的社会问题。如果在体育运动中出现不合理的攻击性,就可能引发赛场暴力,造成不可收拾的、影响社会正常运行的越轨行为,还可能造成重大灾祸。因此,在社会发展中,关键是利用好体育的"安全阀"效应,将体育作为社会安全运行的工具,同时发挥社会管理功能对体育运动的规训,让良性运行的社会不自觉地享受体育运动的益处,让体育成为健康社会运行的组成部分。

二、体育促进人的自由发展

(一)人的自由发展是体育的根本目的

人的全面而自由的发展是人类最崇高的奋斗理想,是马克思主义的出发点和归宿。马克思主义的出发点就是实现人类的彻底解放,使人得到全面而自由的发展。这里所提到的自由发展是人全面发展的基础,自由社会中的每个个体实现了"完整的自我"和"自由的自我",才能最终到达马克思所述的理想境界,马克思提出的人类发展目标最早见于《1844年经济学哲学手稿》,他认为只有人类发展到共产主义社会,我们所提的全面而自由的发展才可能变为现实,那时候人的一切感觉和特性都将被彻底解放。

马克思认为共产主义者所向往的个人全面而自由的发展,只有到了外部世界对个人才能的实际发展所起的推动作用为个人本身所驾驭的时候,才不再是一种理想和职责。这里所提到的"外部世界"就是我们所谈到的社会。现实中只有全社会竭尽全力地推进这个"外部世界",才会把我们的理想变为现实。从一定意义上来讲,人与社会决定了体育的发展。要实现共产主义目标,必须满足两个基本条件:一是"外部世界"(生产力、生产关系和生产方式等)要推动所有社会成员的全面而自由的发展;二是社会的推动作用能为个体所驾驭,个人要及时把握自然和社会发展的规律,才能得到自由的发展。

马克思在《资本论》中曾提出,未来教育旨在造就全面发展的人,共产主义社会是以每个个体全面而自由的发展为基本原则的社会形式。马克思主义对自由发展的准确论述使我们的研究思路更加清晰,人的全面而自由的发展是共产主义社会的基本原则,所以共产主义想要实现必须首先造就每个个体的自由发展,进而实现人的全面发展。再回过头来说体育,以我国为例,我们的体育从大社会的角度上说,以坚持马克思主义原则为前提,为社会主义建设服务,为人的全面而自由的发展服务。我国现在处于社会主义初级阶段,在向着共产主义的理想进发,现有的社会制度决定了中国的体育本质,最终实现人的全面而自由的发展是体育发展的根本目的所在。从个体发展的角度上说,体育要满足人们的各种需要,就必须充分发挥自身的生命力,把潜在的能力发挥出来,进而实现每个个体的自由发展,因为个体自由发展了,才有整个社会的自由发展。体育是社会的缩影和聚焦点,它在人的自由发展过程中起到了对人格要素不断改造和优化的作用。

(二)体育为人的自由发展提供智力支持

人要实现共产主义所倡导的自由的发展,就要对周围环境和社会有敏锐的判断和思维能力。体育对人的智力开发有明显功效,脑生理学研究表明,大脑的左右半球的分工是相当明确的,左半球的大脑侧重抽象思维,传统的学校教育以读、写、算的方式对它进行开发,而右半球的大脑侧重形象思维,这就要聚焦于体育运动,它对人的右半球大脑开发有独特的功效。如艺术体操和体育舞蹈就锻炼了人的视听感受能力,田径和球类方面的锻炼提升了人的空间和距离感受能力,棋类运动则开发了人的发散思维能力,等等。

体育运动不仅能够发掘人的多种能力,而且是促进智力发展的有效途径。体育锻炼是以身体练习活动为主的一种积极主动的活动过程,在此过程中,根据锻炼参加的活动对技术的要求不同,个体必须集中注意力,有目的地去感知、去记忆、去思考和想象,因此经常参加体育锻炼能够提高学生大脑的兴奋性,促进其智力发展。在日常体育锻炼中,个体不仅能够习得新的技能和技巧,还可以学到一些生活常识,如锻炼过程中自救的医学知识、比赛过程中的心理学知识等。在体育锻炼实践中学习的知识会在记忆中留下深刻的烙印,进而促进智力的发展。另外,通过各种形式的体育锻炼,体质不断增强,个体会更有精力去学习,从而进一步促进智力的发展。

(三)体育为人的自由发展增添生活情趣

生活情趣,笼统地讲,是人类精神生活的一种追求,是人的生活方式,包括兴趣、爱好和消遣等,它比较广泛地体现在人们的业余文化生活之中。懂得生活情趣的人,业余生活更充实、更甜蜜,更富有意义,在紧张的工作之余,身心得到更好的放松。有人可能说,紧张工作之后好好休息几天就会缓解疲劳,但这里说的只是一种休息的方式。怎样的休息方式既能陶冶情操又能达到预期的效果,促进身心健康发展和提高自身素质,进而为事业的成功提供启迪和帮助,是我们应该探讨的问题。

体育能够丰富人们的业余生活、陶冶生活情趣,迎合了人们休息的需求。其主要方法就是通过身体运动使人们的业余生活更加多姿多彩。据考证,一些世界级的科学大师与体育运动有不解之缘。如把毕生精力献给科学事业的居里夫人就有广泛的业余兴趣,她既做高深的学术研究,也喜爱跳舞、骑马、游泳、登山等体育项目,还有爱因斯坦、牛顿、富兰克林等,也都有各自娱乐、消遣的方式,尤其是参加体育运动。他们的生活并不单调,也并不是人们想象的只会做学问。体育可伴随人的一生,它是增添生活情趣的源泉,具有广泛的爱好、富有生活情趣,才是一个自由发展的人的最基本条件。以垂钓为例,垂钓是一项情趣高雅的体育活动,垂钓活动有动、静、乐、寿四大益处,它将运动与娱乐融合,凡参加过垂钓的人,无论男女老少,都在身心上得到乐趣和有效的锻炼。所以,在现实生活中,在紧张的学习、工作之余,将体育运动作为娱乐和消遣手段是相当不错的选择,它不仅被大众接受,而且是增添生活情趣的一项重要内容。

三、体育为人的自由发展调适心理状态

在人生旅途上,人们会面临各种意想不到的问题,合理地解决这些问题能够使人身心愉悦,但也有一些突发的困难问题不能很好地被把握,难免给人们带来痛苦。人生的大喜大悲必然给人带来心理不适,使其心理失去平衡。参与各种体育活动或欣赏体育节目,能够迅速转移人的注意力,使激动的心情逐渐平静,进而使人获得心理平衡。体育能使处于困境中萎靡不振的个体逐渐振作,能使经受痛苦的个体逐渐变得欢乐,当然也能使欢愉的心情得到抒发,使伤感的情绪得到抚慰,进而使身心获得和谐发展。

现代奥林匹克创始人顾拜旦先生在他的《体育颂》中曾这样描述体育:"啊!体育,你就是欢趣!想起你,内心充满欢喜,血液循环加剧,思路更加开阔,条理更加清晰,你可使忧伤的人散心解闷,你可使快乐的人生活更加甜蜜!"体育为什么对人的心理调节有这样的功效?从一定意义上讲,体育对运动技术的掌握有尽善尽美的要求,使人通过努力达到体育的标准动作,由此给人带来一种成就感,这种成就感能够使人身心愉悦,也能够满足人们生活和心理上的需要。通过各种不同的情感体验,能使人在其他社会活动中紧绷的心弦得到

缓解和松弛。正因为体育有其他社会活动不具有的魅力,它越来越受到大众的青睐,成为调适人心理平衡的神奇力量。人们在体育中有了良好的心情,并将这些愉悦的心理转移到其他社会活动中,能够精神抖擞地面对人生的各种挑战,逐步实现自我的全面而自由的发展。

四、体育促进人的主体发展

(一)社会发展中人的主体地位的确立

"主体"一词最早见于古希腊语,明确为"根据"的意思,是指"眼前现成的东西,它作为基础把一切聚集到自身那里"。显而易见,主体隐含聚合、支撑和承担的本质性意义,是事物获得根据的基础。这里有必要重申一下主体性的定义,主体性就是主体具有的某种属性,是主体为了显示自身存在的一种方式,它是哲学中的一个基础概念。廓清主体和主体性二者的区别和联系,将更有利我们探讨历史发展中人的主体地位确立的思路和过程。人的主体地位的确立必然通过其主体性展现出来,也就是说,探讨人的主体地位,归根到底是探讨人的主体性是如何实现的。人作为自然存在物,其主体身份是在特定的物质形态下生成的主体性,是在认识自然、改造世界的过程中确立的主体自由。另外,如果人作为观念存在物,其主体地位就是思维运动普遍认识的结果,是自我意识反思人本身的思想产物。

马克思吸收了人类以往的优秀思想文化成果,特别是吸收了关于人的思维的成果,对人的社会性特征做出了明确界定,认为人的本质并不是单个人所固有的抽象物,而应把人放到现实世界中,这个人是一切社会关系的总和。他的这种理论应该说是人类发展史上的历史性变革。正是有了马克思的这种理论,才演化"出人类社会的历史是人们自己在不断实现主体地位的社会实践中创造的,是自己发展自己的历史"。人是历史创造的,那么人就是历史的主体,在改造自身、创造社会历史的伟大进程中,人们不自觉地适应着生存环境,改造着社会实践,在认识真理并将这些真理性认识转化为人的自觉行动的历程中发挥着巨大作用。

在对人类社会发展过程中的人及人体主体作用认识反思的基础上,我们更应该大力发展生产力,越来越重视人的综合素质的提高和全面发展。人民是社会历史中一个个鲜活个体历史发展的综合体,虽然个体不一定能够意识到这一点。在生产力三要素中,占重要地位的是人,人在生产力系统中占有主导地位,是最活跃、最有影响力的因素。随着科学技术的发明创造和社会的加速发展,人的因素在社会全面进步过程中的地位越来越重要,人的力量对社会的辐射面越来越广泛,对历史的渗透力越来越强大,人的主体地位越来越受到重视,人的主体发展是必须被重点考虑的内容。

(二)体育是人的主体发展的能动经验和重要组成

人的主体发展意识的获得不是先天就能确定的,而是经过长久的时间沉淀下来的,是人与自然斗争、人迎接社会各种挑战中逐步确立起来的存在形态。在这一发展过程中,体育是人主体发展的能动经验,是维护人主体发展的重要组成部分,将人作为有限存在者,在时空二元模式中建立起联系,体育维系着人运动存在的实践形态。人作为主体存在是能动存在的物质载体,无意中勾画着世界的运动轨迹,参与物质世界的实践改造活动。体育又是人活动的必然依赖,是这一改造活动的必然选择。可见,人要实现主体发展就要通过自然属性、物质的运动和实践的存在显现出来,体育也就自然成为人实现主体发展的能动机制。

人在认识世界的过程中逐步改造着世界,体育主动担当起向导的角色,使物质运动转变为自我创造的艺术品。"物质的运动是由于自己的能力,这种能力是物质异类性的必然结果。"这种结果造就多姿多彩、千变万化的大千世界,物质的运动被看作世界生成的唯一原因。在物质运动的实践中,必然蕴含着体育的因素,体育按照人体结构的基本特征去创设和规划,人在久而久之的实践中,以享受的心态在行动中构建体育的实践大厦。人作为体育的主体,在实践中与世界产生各种联系,与世界中的其他物进行理论的交流和现实的碰撞,在相互作用的过程中,构建主动和被动融合下的主客体能动关系。主体就是主动的、能动的和行动的人,是体育行为的发动者和动力因,是主体身份和地位的有效载体,是体育实践的直接参与者。

在世界物质的生成中,人的主体地位是被智者认可的,没有人的主体发展,社会的进步也就无从谈起。人以本性、本能的活动使自己成为发展的主体,本性、本能的活动就可以归结为体育活动,它是人本性活动的主体实现。体育活动是人思想和行为的统一,人在体育中经历着认识和实践的交融与碰撞,体育成为因人的整体而存在的人性完整实现的活动。运动实践中的人更能发挥人的主体发展的能动性,从而成为人自由发展的实践形态。

(三)体育对人的主体发展具有重要的作用和意义

体育以其特有的存在方式面对现实的挑战,这也受到世人的普遍关注。据相关研究表明,生产初步机械化时,体力和脑力劳动在生产中的比重为9:1,中期变为6:4,而在机械化后期即全部实现自动化时,体力和脑力劳动的比例出现了颠倒性变化,即1:9。所以在信息化大生产时期,人们要成为合格的劳动者,就必须自觉地接受教育和训练。因为只有掌握了一定的科学知识,有强健的体魄和充裕的精力,才能在生产过程中实现创新和重大变革。从这个意义上来讲,人的劳动通过科学技术的发展被赋予创造性的新特质,这也为人类全面开发自身、提升自己的社会价值、发挥人类的主体价值提供了新的契机和无限的可能。

人类在发展过程中创造出的财富极其丰富,这些财富是人类智慧的结晶,同时包含着人类自身强大的主体力量。人类的进步本来就是一部分人的地位得到不断巩固、人的作用得到不断加强、人的价值得到不断提升、人的潜能得到不断发挥、人的个性得到全面发展的历史。体育以它特有的运动方式使人体的各个系统在活动中得到均衡发展,首先变现为作用于机体本身,并在各种技能获得的过程中得到保持和加强,进而提高人适应生存环境的能力,为人能够更充分地展现自己的本质力量奠定根基。宏观上,体育促进人的体质发展,但我们还要清醒地认识到,人类体质的进步不单纯与文明发展同步进行,其关键在于不断改变着人的活动及其性质、方式是否促进人身体机能的发展。生产力的巨大发展必然改变人类的生活方式,与时俱进的文明使人类原始的本能逐渐消退和弱化。人的力量逐渐被新式生产工具代替,这是一种历史的进步。但是这种进步不自觉地使人失去了最原始的生存本能,也使自身强壮充沛的体力逐渐消退,随之而来的"现代文明病""懒动症"频发,这些都影响着人类发展中的每一个个体。体育旨在通过广泛参与的社会活动来努力避免和矫正人的身心分裂,使其逐步恢复人的原始完整性。体育在促进人体健康和完美的同时,还促进着人格的完美和精神的健康。体育教会社会中的人们为了实现个人或社会理想必须有百折不挠的精神和乐观的态度,不能把发展的目光停留在一个固定的点上,鼓励人们通过自己的行动孜孜不倦地追求新的理想、新的希望和新的人生。这些方法使体育运动中的人在自觉中成熟,使得个人的身体机能得到发展,同时使人的精神得到升华。

以人为中心的体育不仅促进身心的和谐发展,还挖掘了人的潜能。以人体的客观身体条件来讲,同其他动物相比,人类可以说是非常平淡的动物:从力气上讲,人不如和他拥有相同体积的动物;同猫科动物相比,人行走的姿势比较笨拙,论跑,人也跑不过豹,跑不过鹿;从视觉、听觉、嗅觉方面来比较,人的这些功能也不及很多种动物。但是人的潜能和智慧是无限的,人虽然不能跑得那么快,也不能跳得那么高,但人是最有智慧、最有潜能的动物,这些智慧发展和潜能发挥的过程也就是主体得到发展的过程。所以,我们更应该加强自身机体潜能和智慧的极大发挥,使机体沉睡的机能被唤醒,并让其获得最充分、最全面的利用和实现,这对于人的发展和进步有着非常重要的意义。同时,体育在促进人的主体发展过程中,也把培养人的审美能力作为自己的一项使命。我们要从生活中的各个方面去实现个体的主体发展,主体发展是社会发展和体育发展的必然趋势。

第四节　体育历史学维度

一、体育与人的全面发展的纵向梳理

体育在人类文明史上占有重要地位,它的发展与人类社会的进步密切相关,甚至可以说,体育的发展是反映人类社会进步的主要标志之一。

体育的历史可以追溯到原始社会时期。古希腊是近代欧洲体育之源,古希腊人曾经过着人类童年时代的典型生活,其中也包括典型的体育生活。古代奥林匹克体育竞技活动是当时希腊的主要社会活动之一,由此极大地推动了当时体育的进一步发展。中国是四大文明古国之一,早在古代就有着绚丽多姿、丰富多彩的体育活动,如武术、养生导引、球戏、棋戏等都有着各自完整的体系。在生产劳动和其他各种社会活动中,人们创造了丰富多彩的体育活动形式(形态),同时在生活实践中逐步加深了对体育的认识,形成了各色各样的体育思想、观念和理念。体育似乎也更多地被赋予人类不断进步的色彩,被打上不同时代的烙印。

人体的运动似乎本来就是人类与生俱来的一种本能,正如同阳光、空气、食物和水资源一样宝贵,是人们生命历程中不可缺少的组成部分。然而当面对季节更替、风雨雷电、变幻莫测的各种自然现象以及各种残酷的生存环境时,人们必须勇敢面对,并且承受和不断适应这些突如其来的种种变化,才能得以生存、发展,否则就会被大自然无情地淘汰。在生产力极其落后的情况下,人类主要以自身的肢体为生存工具来获取生活必需资料和抵御大自然的威胁,此时,体育

的作用巨大。体育不断促使人类身体的进化，人类在面对大自然和外界各种各样的危险时，逐渐拥有了聪慧善思的大脑、攀缘采摘游刃有余的双手、强健有力又能准确投掷的臂膀、粗壮结实又能迅速奔跑的双腿和敏锐的感觉感官，最终得以生存繁衍。体育成为帮助人有效地克服各种障碍的手段，它不断强化着人自身的适应能力。

人类文明在不知不觉之中孕育了体育，体育又在漫长的历史进程中有了明确的目标和象征，促进了人类文明的发展。人类通过自身的体育活动实现身心健康，达到人的可持续性发展。体育不仅象征着人类自我精神的超越，还体现着人类对自我生理极限的超越，更传递和表达着人格的健康与完善。

对体育与人的全面发展的纵向梳理表明，体育是一个系统，包括体育观念、体育目标、体育实施、体育效果，每一个环节都有自己的要素。

(一)体育观念

体育的可持续科学发展观是在发展体育的同时，不仅要关注体育自身的功能、价值、内涵的积极健康发展，更要注重人、自然、社会的和谐发展，寓教于体，以体促教，使体育在人、自然、社会三者之中成为一种不可替代的重要载体。体育的可持续科学发展观也是体育内涵的深层次反映与体现，它所表达的是一种体育所特有的魅力，从体育精神、体育文化、体育人文、体育伦理、体育演绎等诸多方面淋漓尽致地展现在人们的面前。

(二)体育目标

从整体观或系统论的内部构成分析而言，体育运动是一种多形态、多目标、多功能的社会活动，最终目标是促进人类健康。随着社会的发展，"现代文明病"使越来越多的人处于不健康或亚健康状态。一些人在得到丰富物质文明生活的同时，却在不知不觉中失去健康和快乐，失去幸福感和满足感。体育运动是人们预防和消除"现代文明病"的重要途径之一。"亚健康"在医学上被定义为人体处在健康和疾病之间的一种临界状态,介于健康和疾病之间的连续过程中的一个特殊阶段,临床上常被诊断为疾病综合征、内分泌失调、神经衰弱、更年期综合征等。近年来世界各国的权威统计证明,属于亚健康的人群有逐年递增的趋势。对于亚健康问题,我们应该怎么办？当医学力不从心时,促进健康的使命历史性地落在了体育肩上。越来越多的人主动投身各种体育运动之中,越来越关注自身的健康,为了健康而投资的观念日益深入人心。人们已经达成一种共识：体育运动是人们预防和消除"现代文明病"的重要途径之一,是实现健康中国的重要手段之一。这也正是体育的基本功能和最终目标。

(三) 体育实施

体育实施开始于人的社会化。人的社会化是社会学中的一个重要概念,是指社会个体从生物人成长为社会人的过程。在这个过程中,人们学习社会知识、遵守社会规范、适应社会生活。体育在人的社会化过程中发挥着重要作用,主要体现在促进人的身心发展、培养合作、进取、顽强的意志品质等方面。另外,体育的实施离不开人们的生活。生活促进人们的全面发展,人们的体育兴趣爱好、体育习惯和体育行为已经成为其生活方式的重要因素。体育运动不但可以丰富人们的闲暇活动内容,扩大其生活空间,而且对提高其运动能力发挥着不可或缺的作用。大量的实践已经告诉人们,生活习惯、闲暇生活节奏、生活消费等都与体育息息相关。特别值得关注的是,随着城市社区体育和农村体育的不断发展,不同视野、不同空间、不同地域的体育活动渗透进人们的生活、学习、工作、娱乐、休闲等方面,促进人的全面发展。

(四) 体育效果

体育运动促进了世界的整合与交流,加强了人们的友谊和团结。体育发展到当代,其文化内涵与经济、政治、教育、娱乐等多种社会功能已发展到相当高的水平,是存在于人类社会中的一种很普遍的社会现象,也是人类所共同承认、拥有和普遍热爱的一种文化现象。当今一些国际性大型体育赛事的影响力和感召力已经远远超出体育运动本身的范畴,例如奥林匹克运动作为连接体育文化的民族性与国际性的一座桥梁,一方面促进了各个国家和地区、各个民族间体育文化的整合与交流,丰富了体育文化的内容;另一方面又承载着融合各个国家和地区、各种体育文化的历史使命,加强了世界各国人民之间的相互了解与友谊,其意义已经超出它的竞争性和竞技性。人们通过这些国际性体育比赛不断增进友谊与团结,各个国家和地区的人民也越来越关注体育,越来越注重健康,越来越注重自身的全面发展,越来越多的老年人、中年人、青少年儿童主动加入参与体育活动的行列。

二、体育与人的全面发展的横向剖析

体育与人的全面发展从空间维度分析,构成要素主要包括竞技体育、群众体育和学校体育三种体育基本形态。

(一)竞技体育

竞技体育指在全面发展身体,最大限度地挖掘和发挥人(个人或群体)体力、心理、智力等方面的潜力的基础上,以攀登运动技术高峰和创造优异运动成绩为主要目的的一种运动过程。竞技体育是一种制度化、体系化的竞争性体育活动,具有正式的历史记载和许多传说,它以打败竞争对手来获取有形或无形的价值利益为目标,在正式组织起来的体育群体的成员或代表之间进行,强调通过竞赛来显示体力和智力,在对参加者的职责和位置做出明确界定的正式规则所设立的限度之内进行。

远在史前时代,早期的人类生活便已经出现以争取胜利为特点的原始、古朴的体育比赛形式。此后这种活动形式又经古代的长期发展,内容更加丰富多彩,不少项目已略具雏形,其形制为近代体育运动打下了基础。在整个近代体育领域中,比赛活动的独立性越来越强,并被定名为"竞技运动"。当代,竞技运动不断发展、演进,不仅在理论原则和实践方法上日臻成熟,而且其影响范围也不断扩大,成为一个遍及社会各阶层、波及世界各地的特殊社会现象。人们常说竞技体育是一种艺术,因为竞技体育能够跨越语言和其他社会因素的界限,依靠大众传播媒介,而不需要借助其他形式和附加条件(如翻译),就可直接为人们所接受。艺术是审美意识物化了的集中表现,能引起强烈的美感。竞技体育用各种有效规则来尽量阻止不公平的发生,是一种艺术的创造,给人既激烈、精彩,又和谐、优美的感觉。

竞技体育作为一种采用公开的、共同认可的方式和规范,以相互之间身体运动能力(包括智力)比较的形式进行的挑战极限、超越自我的社会性竞争活动,一直被人们关注,并在当今社会中占有越来越重要的地位。其发展可以满足人们对体能极限的追求,满足大众对娱乐和审美的需要,对促进经济发展和维护社会稳定等诸方面产生深刻的影响。

竞技体育对人的全面发展的作用主要体现在以下三个方面。

1. 竞技体育能振奋民族精神,增强凝聚力

一场国际性比赛会使成千上万的人为之揪心,一次竞技盛会能吸引数以亿计的承办国大众并为之动情,特别是国歌的奏起和国旗的升起能使海内外的同胞魂系祖国。当一个竞技团体或运动员代表着所属国家参与竞争和比赛时,在某种意义上讲,他们就是一个国家的象征,这个国家的社会成员都期盼着在竞争中取胜。当一个国家承办竞技盛会时,其社会成员会以东道主的姿态迎接盛会。虽然人们的政治见解不同,宗教信仰各异,社会分工不同,个人价值取向不同,也许有人热衷于体育运动,也许有人平时根本不善此道,但是共同的团体所属意识和共同的社会义务使得社会成员彼此之间的关系比平时更加密切。仿佛有一条无形的纽带将他们紧密地联系在一

起,让他们共同感受着胜利的喜悦和失败的惋惜,共同体验着东道主的自豪和荣耀,共同付出成功的代价与劳动,这就是社会团体的核心,是国家、民族和社会振兴的基础。

2. 竞技体育是国家之间公平竞争的舞台

竞争和比赛是竞技体育最基本的因素,没有竞争和比赛,竞技体育就失去了存在的价值和意义。可以说,最能够满足人类表现欲和竞争欲望的手段就是竞技体育,而竞技体育中的竞争是遵循对等原则的,无论竞技体育的项目和规则如何发展变化,公平的对等原则从始至终贯穿于竞技体育中,这使其具有旺盛生命力和强大的吸引力。不分国家大小、地区贫富,不分种族、肤色,运动员公平地参与竞技体育的竞争,各种类型的竞技体育比赛为国家间、地区间的公平竞争和展示各自的优势提供了最适宜的舞台,为国家之间友好往来创造了契机。各国和地区可以通过参与竞技体育的比赛过程来满足不同角度、不同程度的需要,竞技大赛中互动的双方为了获得物质的或精神的目标进行较量和争夺。对于各国和地区来说,竞技体育是一个富有吸引力的领域,众多国家和地区积极参与各种竞技大赛,争先恐后地申办奥运会、亚运会等,以及不惜代价地采取各种手段竞争申办权的种种事实无不证明了这一点。竞技体育为国家和地区间公平竞争提供了最适宜的舞台,这一社会功能已被越来越多的国家所重视和利用。竞技体育的这一功能也是由其自身的竞争特性所决定的,这种以互动、开放交往为前提的竞技体育进一步丰富了体育的内涵。

3. 竞技体育具有显著和潜在的社会功能,往往被视为国家和地区形象、力量的显示

一些国家和地区常常将竞技体育作为增强国家、地区和民族凝聚力,激发爱国热情和促进社会团结的一种政治途径。竞技体育常常作为提高国家、地区和民族的声望,扩大影响力,促进相互交往的一种政治手段而受到重视。各国和地区力图在竞技大赛中创造优异

的成绩,力图从举办竞技大赛中张扬自我之强盛,最大限度地挖掘和发挥竞技体育的社会功能,满足国家、地区和社会的需要,充分运用和发挥竞技体育的社会功能,创建和谐社会,使其更好地服务于人的全面发展。

(二)群众体育

群众体育又称社会体育或大众体育,是指普通民众自愿参加的,以强身、健体、娱乐、休闲、社交等为目的的体育活动,一般不追求达到高水平的运动成绩,是内容广泛、形式多样的体育活动。

群众体育是发展群众性的娱乐体育活动,旨在促进社会主义物质文明建设、社会主义精神文明建设、文化建设。

1. 群众体育是促进社会主义物质文明建设的积极因素之一

发展生产力是社会主义社会的根本任务,人是生产力中最积极、最活跃的因素。开展群众体育能够:①提高人的身体素质和精神素质,提高劳动者对劳动强度、密度的承受能力和对现代化生产复杂性的适应能力,从而对生产效率和劳动质量产生积极作用。②增强劳动者的体质,提高工作能力。体育锻炼使劳动者获得充沛的体力和饱满的情绪,从而提高工作效率。体育锻炼能够预防与减少疾病,提高劳动者的出勤率。③有效地预防和减少各种常见病和职业病,可以避免和减少各种工伤事故,使劳动者伤病假和过早死亡率大为减少,既保护了劳动力,又节约了医疗、抚恤等各项开支。④对保证劳动者的全员生产具有突出作用。群众体育可以消除疲劳,调节精神,提高劳动者的生产效率。作为一种积极性休息的手段,体育活动比睡眠、静坐等消极性活动更迅速、更有效地恢复体力,与此同时,运动所带来的乐趣和满足会使劳动引起的局部神经紧张有所缓解。因此,体育锻炼能缓解甚至消除劳动者体力和精力的疲劳,有助于持续提高生产效率。⑤改善个人消费结构,促进体育劳动生产。参加体育锻炼,能够使锻炼者充分理解体育的价值,主动自觉地增加"体力投资",这对于增加文化消费比例、改善我国居民的消费结构具有积极意义。就社会而言,能够刺激和带动体育部门和相关行业的发展。可见,群众体育对于发展社会生产、提高经济效益方面起着积极作用。随着现代生活节奏的不断加快和生产方式的不断更新,对劳动者的身体要求将不断提高,因此,鼓励、组织广大人民群众参加体育锻炼,是社会主义物质文明建设一项不可忽视的基础性工作。

2. 群众体育是社会主义精神文明建设的主要内容之一

群众体育作为社会文化生活的重要组成部分,不仅能够提高参加者的身体素质和健康水平,还对其思想观念产生经常性的、广泛的影响。①开展群众体育可以提高人们的文化修养和道德水准,推动伦理和法治建设,能够融洽人际关系,增强群体观念,有助于社会一体化的进程。此外,对培养人们坚忍不拔等意志品质和勇于奋斗的竞争意识,均有促进作用。因此,许多国家把群众体育的发展水平作为衡量社会文明程度的标志之一,并大力加以提倡。②群众体育活动通过人与人、人与社会的广泛接触,培养人们热爱祖国、热爱生活的感情,树立为繁荣社会而献身的责任心,能够增强团结友爱、同心协力的集体主义观念。通过与规划、裁判的频繁联系,能够增强民主意志和法治观念,逐步树立公正无私、文明礼让和遵守法纪的社会风尚。③通过与同伴的合作和与对手的竞争,能够刺激和强化人们不甘落后的竞争精神及奋发向上的进取意志。在体育锻炼过程中,人们要不断克服来自个人和环境的种种阻力,从中培养勇敢、顽强、坚毅、果断等优良品质。可见,群众体育在思想品德教育方面的影响是广泛的。

3. 群众体育是文化建设的主要内容之一

①群众体育传播体育、保健等科学知识,提高人民群众的体育文化素养。人民群众参加体育活动,不单纯是身体动作的重复过程,还是一种学习和掌握体育知识、提高运动技能和技术的过程。他们从

中不仅能够获取强身健体、防治疾病和延年益寿的经验,而且能够寻得健身、消遣和娱乐的有效途径。不断增长体育保健知识,提高科学文化素养,这对中华民族的文明富强具有积极的推动作用。②活跃业余文化生活,形成健康、文明的消遣方式。健康、文明地利用余暇时间是生产发展和社会稳定的基本因素之一。开展群众体育活动,引导人们用高尚、健康的体育活动来充实业余生活,使身体在锻炼中得以调节,精神在娱乐中得以放松,这有利于抵制消极、落后的消遣习俗,形成良好的社会风尚。③参加体育活动能够扩大人们的活动领域,弥补城市邻里交往减少所带来的弊端,使人们有更多的接触机会。锻炼中,人与人、群体与群体在频繁的接触中,不仅传递技艺,而且交流感情,增进彼此的了解和友谊,促进团结。由于体育活动能吸引不同年龄、不同性别和不同民族的人,因此它在加强各类群体的沟通和了解、加深理解及信任等方面具有特殊效能。

总之,群众体育是人类文化生活的重要内容之一。它的存在与发展不仅能促进民族的富强和繁荣,而且能推动社会的物质文明和精神文明建设。随着经济、文化、生活水平的不断提高,群众对体育的要求将更加迫切,因此,切实加强群众体育对人的全面发展具有重要意义。

(三)学校体育

学校体育是指以在校学生为参与主体的体育活动,它通过培养学生的体育兴趣、体育态度、体育习惯、体育知识和体育能力来增强学生的身体素质,培养学生的道德和意志品质,促进学生的身心健康。学校体育是教育的重要组成部分,是计划性、目的性、组织性较强的体育教育活动过程。

学校体育是随着教育的不断发展而逐步形成体系的。在欧洲,古希腊已将体育列为教育的内容。在中世纪,教会宣布"肉体是灵魂的监狱",学校里的体育完全被忽视。在封建领主割据的时代,军事体育是统治阶级的特殊需要,因而"骑士七艺"(骑马、游泳、投枪、击剑、行猎、下棋、吟诗)成了骑士教育的主要内容。到了文艺复兴时代,体育又重新被人们重视起来。随着教育的发展,体育才真正成为教育不可缺少的部分。进入 20 世纪,工业发达国家更加重视增强青少年的体质,许多国家制定了统一的体育教学大纲和教材,增加了体育课时,注意提高体育师资水平,改善体育场地和设备,重视学生的业余运动训练,努力培养优秀的运动员,开展对儿童和青少年体质与体育的研究,使学校体育走向科学化。

学校体育在人的全面发展中的主要功能主要体现在以下三个方面。

1. 学校体育是人的全面发展的组成部分,是培养社会所需人才的重要内容

学校体育是国民体育的基础,对增强民族体质和提高竞技体育水平有重要的战略意义。一个民族的素质,主要包括身体素质、文化素质、心理素质和品德素质,民族体质的强弱,关系到国力强弱和民族兴衰。学生时期是长身体的时期,特别是中小学生正处在生长发育的旺盛时期。人的生长发育水平受多方面因素的影响。体育锻炼是影响人体生长发育最积极的因素。在学生时期,加强体育锻炼能够促进身体的正常生长发育,全面发展身体、增强体质,为一生的健康打下良好的基础。同时通过世代的积累,逐步提高民族的体质水平等关系到国家的声誉。由于各个运动项目的运动员必须经过多年的系统训练和竞赛才能达到较高水平,因此各国和地区都把希望寄托在中小学生身上。实践证明,在学校体育实践中发现体育人才,进行多年的系统训练,打好基础,就能为国家培养和输送优秀运动员的后备力量。儿童、青少年是各国和地区人口构成的重要部分,因此学校体育的发展水平成为大众体育普及水平的主要标志。同时,学生在学校体育教育中养成的体育观念、体育能力和体育习惯将有助于学生踏入社会后成为群众体育的生力军,从而极大地推动群众体育的发展。

2. 学校体育不仅能够使学生的体质得到增强,而且可以促进智力的发展

科学实践证明,坚持锻炼可以提高大脑皮层细胞活动的强度、均衡性和灵活性,通过体育运动还可以培养敏锐的感知能力,灵活的思维和想象能力、良好的注意力和记忆力。这一切都有利于学生的智力开发,从而有利于他们学习和运用科学文化知识。

3. 学校体育有助于培养学生高尚的思想品德和坚强的意志品质

严格的体育教学和训练可以加强学生的组织性、纪律性,培养学生的集体主义精神。体育教学和训练的对抗性可以促进学生形成良好的个性心理品质,培养良好的意志品质。同时,学校体育还为学生的道德行为表现提供了有利条件,有助于学生形成良好的道德行为。在这样一种特殊体育环境中,学生努力控制和约束自己的不良行为,表现出良好的道德风貌,从而为形成良好的道德品质和习惯打下基础。学校体育对于美育也有积极作用,它有着丰富的内容和形式,不仅能塑造身体的外在美,而且能培养学生的审美情趣,通过提高学生在体育运动中感受美、表现美、创造美的能力,更好地培养学生认识和表现自身在运动方面的美,使身心得到更加充分、自由、全面的发展。学校体育还是一项高尚的娱乐休闲活动。广大学生在学习科学文化之余参加体育活动,能够使紧张的神经得到松弛,享受运动带来的快乐。这既是一种很好的体脑调剂和恢复手段,又是一种有助于社会主义精神文明建设的业余文化生活。

第五节 体育文化学维度

文化是人类文明进步的结晶,它能够顺应人类社会发展规律,揭示人类社会发展的方向,能够为人类社会文明进步提供强有力的思

想保证、精神动力和智力支持。体育本身就是一种文化。国际奥委会前主席萨马兰奇说过："在世界的五种语言中，金钱、政治、艺术、体育、性爱，体育尤其引人入胜。"体育对于人类的重要性显得尤为重要。体育在不同的社会形态中扮演了不同的角色：在狩猎与采集的原始社会扮演的角色是生产技能；在农业社会扮演的角色是军事技能；在工业社会扮演的角色是政治外交工具；在知识信息社会扮演的角色是娱乐休闲工具。

一、体育文化的发展：狩猎—竞技—比赛

人类自出现以来就不断地积累经验，经验演变为文明，并代代相传。这些文明在传承过程中接受着新经验的雕刻，并不断完善。人类的起源和发展都发生在过去，我们只能通过后期的种种进化理论对其进行探讨与论证，只有了解过去并把握现在，才能在人类发展中找出一条文明发展的线索。体育作为人类的主要活动形式，蕴含着文明发展的密码。我们可以细细地考究体育文明的形成过程，从而探究人类文明的发展走向。

（一）体育文化的开端：狩猎

人类的大多数行为源于原始时期的生存需求，逐渐发展到现在演变为复杂多样的行为方式。也有一部分原始行为经过长期的改进进化为文明的一部分，其中就包括体育文明。体育文明起源于原始人类的狩猎，狩猎是获取食物的一种重要方式，可以为人类提供高能量、高营养的食物。为了保证充足的狩猎量，人类通过积累经验对狩猎技术进行了不断改进，最终发明了提高杀伤力和射程的弓箭、火药等，还为提高狩猎速度而驯化了马。

截至目前，人类狩猎技术的发展共经历了四个阶段：第一个阶段始于250万年前开始的石器时代。在这个时期，人类祖先使用带石枪头的标枪和带绳索的石球进行狩猎，这些可以在中国许家窑的石球文物上找到证据。第二个阶段始于长射程的射杀武器的发明，如弓

箭、掷矛。这些工具比第一阶段的工具更加文明高效,使得人类的狩猎技术发生了质的飞跃。这些工具最后也演化为投掷铅球、标枪、射箭等体育运动。第三个阶段始于对马的驯化和对弓箭的改进。骑上驯化的马极大地提高了人类的追赶能力,使用改进后的弓箭提高了狩猎的成功率。第四个阶段始于当代运用枪支弹药进行狩猎,这让猎人能够较容易地在动物感觉的距离之外高效地射杀动物。这一狩猎技术也成为体育项目——射击。

(二)体育文化的形成:竞技

体育起源于人类改造大自然的活动。据考证,标枪就起源于早期人类的捕猎活动。人们为了提高自身的捕猎技能和体力,举行一些投远比赛,逐渐产生游戏规则,进而演变成现代田径运动中的标枪竞技项目。马拉松、接力这些现代体育项目也是在生产力极其落后的远古时期,人们为了传递重要信息而产生的。在这些初期体育项目的萌芽中,还随着其他社会文化活动,例如祭神活动,人们一方面祈求神的保佑;另一方面希望自己威力无比、战胜对手。

竞技的发展规模宏大、范围宽广,我们可以通过关于古代雅典青年体育锻炼的记载,依稀感受到竞技规则之严谨。在冷兵器时代,更多的是需要人与人之间进行身体格斗,时代要求每个年轻人都是战士,每个人都可以为保卫家园而战。在日常生活中,雅典年轻人的大部分时间是在体育场长跑、投掷、赛车、角斗中度过的,他们通过训练获得肌肉饱满、身手矫捷、反应灵敏的身体。同时代雅典的众多作品也提到了竞技的场地与情景,竞技大会上,健儿们跑步、投掷、角斗、拳击、赛马、赛车。诗人跟在健儿身后,用夸张的语句赞美他们的腿脚和拳头,记录古典时期雅典城市的健身房、摔跤场、田径场、跑马场、露天剧场、音乐厅等文体性公共空间的情况,以及依托这些公共空间的竞技活动。可以认为文体性公共空间的形成及竞技比赛等文体活动的发展是体育文明形成和发展的重要表征。

(三)体育文化的繁荣:比赛

无论是古代体育竞技中作家对运动员的赞美,还是现代体育中比赛规则的制定,奥运会、世界锦标赛等体育活动,以及体育人才价值千金的现状和全民体育活动的开展等,都是体育文明的表现形式,都体现了当时的体育价值观、体育文化观、体育道德观等,这些正是体育文明繁荣的各个方面。

20世纪是人类文明发展的转折点,在这个时代人们几乎都获得了民主权利,可以自由地参与力所能及的项目。21世纪,体育项目更加平民化、大众化。体育是属于全人类的,始终站在文明的一方,代表了人类社会进步、文化繁荣的趋向。新中国成立后,我国大力发展体育事业,最终取得的体育成就象征着中华民族一个备受屈辱的时代已经宣告结束。在过去的100多年中,全球性体育运动在各个领域都取得了长足的发展,学校体育日渐成为社会发展与文明演进的标志和动力,群众体育的兴起意味着体育终于回归到了全人类。竞技体育成为当代体育运动的主体。体育成为独立的文化体系,占据重要的社会和经济地位。当今,体育改革是中国社会改革的一部分,它受到社会改革的推动,同时也促进了社会改革。群众体育要将发展体育人口作为基本任务,不断扩展体育版图,开发体育产业,以全民健身为契机,将体育产业发展为国民经济新的增长点。

二、体育文化的功能

体育是一种文化。奥林匹克运动自开展以来,就秉承"更高、更快、更强"的精神,这种体育精神赋予人类勇于改造自我、开拓创新的能力,也是我国实现中国梦的中坚力量。

体育文化的功能主要表现在教育功能、强身功能、经济功能和政治功能四个方面。体育的教育功能人所共知,但要让教育功能形成一种系统的文化力量,还需要不断地推进体育的普及,提高学校体育的要求,也需要积极地组织、教育、引导,让体育的教育功能更加深入人心。体育的强身功能主要体现在体育可以改善人体体质、提高人体抵抗力等。但从研究深度来讲,体育还属于一个研究幅度较浅的学科,亟须加大人力、物力的投入,为体育强身健体功能的开展提供更多的研究依据。体育的经济功能主要集中在服务业,包括竞赛、健身、用品和场馆服务等,这部分功能目前处于掘金阶段,更多的项目处于发展初期,未来的发展潜力很大,需要国家和社会资本加大投入,方能快速运作发展。

(一)教育功能

一场精彩的体育竞赛、体育表演会让观众赏心悦目、激动不已,尤其当获得金牌时国旗升起、国歌奏响,那种穿透力、感染力、凝聚力更是其他活动无法比拟的。体育文化已成为培育社会主义核心价值观、弘扬中华体育精神和奥林匹克精神的有效载体。从凝聚民心、提高国家软实力到如何面对生活、做人行事,在体育活动中都有所体现,随着经济社会的发展进步,这样的体育观越来越深入人心,其教育作用不逊于运动员顽强拼搏,摘金夺银的影响。

体育是用运动的方式对身体进行教育的活动。这种教育既与生俱来,又终身相伴。从胎动到出生后的翻身、坐立、行走等都是最初的体育运动。人来到这个世界,特别是在婴幼儿阶段首先接触的就是体育,在体育的基础上,逐步接受德育、智育、美育,没有体育的进步,就没有以后人类接受德育、智育、美育的条件。因此,没有身体的健康发育,个体就不能有效地进行德、智、美育,可以说体育是生命的第一教育。体育是学校教育的重要组成部分,是教育的一个重要手段和方面。体育具有很好的教育功能,又有一般课堂和书本教育无法达到的效果。几乎所有国家和地区都把体育作为教育的内容之一。体育在培养人们健康合理的生活方式、集体主义精神、爱国主义精神、刻苦耐劳顽强拼搏精神等方面有着重要作用。中国体育事业发展到今天,必须适时转变发展方式,要在体教结合上下力气,让体育落到实处、深入人心。

(二)强身功能

随着社会的进步,人类的物质生活和精神生活不断充实,对于生活品质的追求开始进入人们的视线,健康成为人类新的目标。近年来,体育事业高速发展背后的推动力是人类对健康的不懈追求。我们都知道体育锻炼是强身健体的主要方式。研究者也在这一方面做了大量研究,并取得了许多可喜的成果。郑晓黎在对运动提高骨密度的研究进行综述的基础上,提出了预防骨质疏松要从小抓起,适当的体育运动可以减缓随着年龄的增长而发生的骨质疏松。高华等认为有氧运动可以提高慢性心衰患者的运动耐力、运动持续时间、最大摄氧量、无氧阈等心肺功能,改善患者的生活质量。郭吟等认为,4周有氧运动结合适量饮食控制,可以有效改善肥胖儿童青少年的身体形态,改善脂肪代谢紊乱和胰岛素抵抗,预防代谢综合征。当前体育的强身功能主要体现在四个方面:改善骨质和肌肉、增强心肺功能、提高免疫力、预防和治疗代谢综合征。

(三)经济功能

体质健康的期待、素质教育的要求、体育服务时代的来临使我们把全民健身上升为国家战略。这是我们每一个人去追求、去获得健康的生活方式。那么参加什么活动?到哪去参加?谁来提供?谁来设计指导?答案就是体育产业的经济功能,运营和构建活跃健康生活方式的生产经营活动,所以要达到体育的目的需要靠体育产业来支撑。当下国家提出了"大众创业、万众创新"的口号,体育产业应该把握这个风向标,积极寻求资本的支持,紧密靠拢国家发展大计,以人民对体育的需求为出发点,大力摸索发展多样化的体育经济。

近年来全球体育产业高速发展,当代的体育产业正在以一种全面开放、自信张扬的姿态屹立在世界经济之林。2021年,我国可穿戴设备市场出货量近1.4亿台,同比增长25.4%。在冰雪产业方面,2021年我国冰雪产业总规模达5788亿元,同比增长51.88%,全国滑雪人次由2019—2020年雪季的1045万增加至2021—2022年雪季的2154万。在体育消费方面,2020年居民体育消费总规模达到1.8万亿元,较2015年增长80%;居民人均体育消费支出1330.4元,较2014年增长43.7%;体育用品、青少年体育、女性体育、体育旅游等发展迅速,上海市6—17岁居民体育消费从2016年的2832元增长至2021年的3329元。在体育新空间方面,体育服务综合体、体育公园、户外运动营地、运动健康促进中心等各类体育新空间日益丰富,创新案例快速涌现。展望未来,体育产业作为具有高成长性、可持续性的朝阳产业、绿色产业和幸福产业,要抓好抓牢构建新发展格局、大力发展数字经济、积极应对人口老龄化、深入实施乡村振兴战略等重大发展机遇,稳步迈向以质量和效益为主导逻辑的快速发展期。

(四)政治功能

体育不仅能培养健康的体魄、塑造健全的人格,还能体现拼搏奋进、团结高尚、激励人心的精神,是超越政治形态和意识形态交流的事业。在国际舞台上,体育外交发挥着独特的魅力和优势。谈起体育文化的政治功能,就不得不提及在中国当代外交史上成功的"乒乓外交"。当时毛泽东同志、周恩来同志和尼克松敏锐地抓住了乒乓球的契机,在他们的运筹下,小球转动大球,由乒乓球揭开了一个重大外交进程的开端,打开了中美两国交往的大门。

新时代我国体育对外交往紧密围绕服务国家总体外交和助推体育强国建设,有效整合和利用体育资源。通过中国体育与世界体育的互动,积极参与全球体育治理,共商共建共享,拥抱以构建人类命运共同体为目的的人类新型文明观,为全球化的未来发展提供合理性的价值引领,为重塑全球交往理性贡献中国体育的智慧。

体育是促进国际友谊、增强世界团结的重要手段。体育竞赛能够扩大全球各国人民的情感交流,增进各国之间的相互了解,改善国际关系,建立良性、合理、公平的外交关系,创造文明和谐的外交环境。国际体育交往能够促进国家与国家之间、人民与人民之间的相互理解,有益于人类社会的团结、友谊、进步。

三、体育文化与人的全面发展

体育文化作为一种社会精神力量,能够在人们认识世界、改造世界的过程中转化成物质力量,对社会的发展产生很大影响。同时,体育文化对个人也有很大影响,优秀的体育文化能够增强体质、丰富生活、培养健全人格、增强精神力量、激励人们弘扬民族精神、不断创造美好幸福的生活,从而促进人的全面发展。体育文化素养的提高是人的全面发展中不可或缺的一部分。

人的全面发展是人类对自身发展的最高追求。人的全面发展是历史的概念,与社会发展是一致的。人的全面发展可以从多个角度进行不同的描述和规定,但人的全面发展的实质就是人的进步,核心内容是综合素质的发展,主要是指人的品德、能力和身体的发展,而身体发展的主要方式就是体育。体育能力的发展是人的本质需求的集中体现,是人从事一切活动的内在根据,是人生存和发展的基础,人类体育能力的发展程度直接制约着人的全面发展的广度和深度。因此,体育文化的发展是人的全面发展的主要要求之一。体育活动的开展可以促进人的素质的全面提高和个性的自由发展,人的素质和个性随着体育活动的多样化、丰富化更加完整。人的素质的普遍提高表现为人的身体素质、心理素质、思想道德素质、文化素质等的发展和完善,以及各种素质之间的均衡协调发展。在体育活动中,学生不仅可以广泛地参加社会交往活动,提高社会适应性,得到他人的尊重,还可以从体育运动中体验到成功的喜悦,满足自我实现的需要,从而证明自己的能力,增强自信与自尊,使个性得到充分的调整和发展。人的个性的发展表现为个人主体性水平的全面提高,以及个人独特性的增强和丰富。

体育不断提升人类的身体活动能力,间接地提高人的劳动能力。体育的多样性、趣味性可以为人的全面发展提供积极有效的形式。

人的全面发展还表现为人的需要和人的能力的全面发展。人的需要是人的本性,是活动的动力和目的。人的能力是实现需要的手段,是主客体对象性关系得以建立的必要条件之一。体育活动可以不断拓展人的身体活动能力。人的需要的全面发展意味着需要随着活动的全面发展愈益形成包括生存、享受和发展等层次递进的丰富体系。个人按照自主活动来发展一切合理的需要,并将较低层次的需要作为直接满足发展"自由个性"最高层次需要的前提。人的能力的全面发展意味着人全面地发展自己的一切能力,即全面发展自己的体力和智力、自然力、社会力、潜力、现实能力等,并在实践活动中发挥其全部才能和力量。

第六节 体育的教育学维度

一、体育对人的规训与引导

体育和教育从来就有紧密联系。体育作为培养人和教育人的必要手段,历来都是教育的重要组成部分。

原始社会时期,处于萌芽状态的教育和体育之间没有严格的界限。原始人类传授生产和生活技能的教育目的往往是通过身体活动的方式去实现的。教育和体育的原始形式处在一个统一体内。

进入奴隶社会,为了镇压奴隶的反抗、维护奴隶主的统治、吞并弱小民族或防备邻国侵袭,统治阶段崇尚武力,因而重视对贵族子弟实行尚武教育和身体训练。在学校教育中,体育内容占比很大,地位很高,例如,古希腊的学校教育中把体育列为重要内容,奴隶主子弟从小学起就要受到严格的体操和军事训练,学习角力、竞走、跳高、掷标枪和游泳。周朝时期为奴隶主子弟设立的学校也很重视体育,"六艺"教育中的"射"和"御"都属于体育内容。在漫长的封建社会里,体育在一般教育中的地位逐渐降低,其内容在整个教育中的比重相对减少,这主要是受重文轻武思想和宗教禁欲主义的束缚与影响。尽管如此,当时的武士教育中仍不乏体育内容。西欧世俗封建主骑士教育的"七技"(击剑、投枪、骑马、游泳、打猎、下棋、吟诗)里有"六技"属体育。

近代体育是在欧洲文艺复兴以后发展起来的。随着资产阶级登上历史舞台、近代实验科学和人文科学的发展以及"三育并重"教育思想的倡导,体育成为一种独立的社会文化现象,并在学校教育体系中越来越受到重视,因而得到迅速发展。

现代社会生产力的高度发展,特别是新技术革命所带来的社会生产力的新飞跃和社会生活的新变化,对增强社会成员的体质提出了更高的要求,促使学校教育在培养全面发展的新人中发挥出更大的作用。体育作为教育的组成部分具有新的特征,出现了新的趋势,如体育教育义务化、体育设施开放化、体育方式多样化、体育手段科学化等。体育在教育中的重要作用已被更多的人认识,体育作为一种理论、知识、方法体系已被更多的人接受。

二、体育对人的身心塑造

体育在教育中或者说在人的全面发展中发挥着重要作用。

(一)增强健康体质

体育锻炼对神经系统有促进作用,经常参加运动可以促进人体各种感觉分化能力的提高。所以经常参加运动的人,在平时生活、学习和运动中,动作灵活、敏捷,大脑反应速度快,身体的适应能力和工作能力得到增强。体育锻炼对循环系统和呼吸系统有促进作用。长期坚持体育锻炼,能有效改善血液循环,促进心肌的收缩功能,提高呼吸系统的功能,使运动时氧气供应充足,有助于提高肺活量,增强体力和耐力。体育锻炼对运动系统也有积极作用,可以提高肌肉含量,使骨骼和肌肉更好地生长。

(二)促进智力发展

体育运动能促进人的大脑发育,调节大脑中枢神经,改善机能,为人们从事智力活动打下良好的物质基础,提高学习和工作效率。体育运动还可以直接促进观察力、记忆力、想象力、思维力等智力因素的发展。

(三)有助于良好的情绪体验

体育锻炼可以使人从烦恼和痛苦中解脱出来,体验到运动带来的愉悦。研究表明,经常参加体育锻炼的人,其焦虑、抑郁、紧张和心理紊乱等消极的心理变量水平明显低于不参加体育锻炼者,而其愉快和轻松等积极的心理变量水平明显高于不参加体育锻炼者。人们参与自己喜爱或擅长的体育锻炼时,可以从中得到乐趣,振奋精神,缓解压力,从而产生良好的情绪体验。

(四)培养竞争意识和进取精神

运动者往往有尽快实现目标的心理动机,并为此付出大量的创造性劳动,全身心地投入竞赛或练习中,这有利于培养学生的竞争意识和进取精神。有学者指出,在小学阶段开展体育教学活动,能够培养学生良好的身体素质,帮助学生强身健体,这是小学体育教学开展的重要内容。在此基础上对学生进行良性竞争和合作意识的培育,也是小学体育教学活动必不可少的环节。还有学者对120名大学生与毕业后的工作者进行了问卷调查,研究结果显示,体育运动训练与竞赛对培养学生形成良好竞争意识作用明显,尤其在培养学生的团队合作精神、坚忍不拔、吃苦耐劳、遵守社会规则、社会人际交往能力、抗挫折能力方面有显著的正向效应,并建议高校在高度关注学生身体素质、体质健康问题的同时,要重视课外体育运动训练与竞赛工作,开展多种多样的体育竞赛活动,让所有学生都有机会参与运动竞赛活动,并从竞赛活动的成功与失败中体验竞争、学会竞争,形成良好的竞争意识。有学者指出,体育教学在培养学生进取精神方面具有一定的优势,关键在于教师要结合教材的特点,有意识地把对学生的进取精神的培养贯穿其中,通过日积月累的磨炼,学生的进取精神逐步得到培养与发展。

(五)培养顽强的意志、健康的审美观和高尚的情操

良好的意志品质是现代人必须具备的素质。意志努力总是和克服困难的行为相联系。体育训练和竞赛必须付出自己的最大努力去克服一个又一个生理和心理上的困难或障碍,并且每前进一步往往都要付出极大的意志和努力。所以,体育运动过程能有效地锻炼顽强的意志品质,增强承受挫折的能力,有助于个体形成积极进取、乐观向上的生活态度。另外,丰富多彩的比赛活动使运动者获得各种强烈的情感体验,得到外在美和内在美的熏陶,培养自己的责任感,相互帮助、团结合作与助人为乐等精神和对他人的信任感,以及健康的审美观和热爱大自然的美好情感,提高自身的鉴赏能力、创造美和表现美的能力,进而使学生更加自尊、自爱、自信、自强。这些都有助于其人格的完善。

(六)形成良好的自我概念

自我概念是个体主观上对自己的身体、思想和感情的评价,是由许许多多的自我认识组成,如我是什么人,我主张什么,我喜欢什么等。研究表明,锻炼者比不锻炼者具有更积极的总体自我概念,体能强的人比体能弱的人倾向于更高水平的自我概念和身体概念,并且肌肉力量和身体自尊、情绪稳定性和自信心呈正相关。张连成等对752名天津市在读大学生进行调查,结果发现锻炼量与身体自尊之间呈显著正相关,身体锻炼可以通过提高自我效能感,降低社会体格焦虑,缩小理想—现实身体自我差异,进而促进身体自我概念的提高,这在一定程度上揭示了身体锻炼能提高身体自我概念的心理机制所在。

(七)有助于形成和谐的人际关系

现代社会生活节奏的加快和网络的高速发展使人们越来越缺乏

直接的社交机会,导致人际关系越来越远、越来越淡薄。体育锻炼打破了这种失衡状态,让不同的人相聚在运动场上,进行平等、友好、和谐的交往。人们在比赛的同时,能够进行技术交流、情感的碰撞,甚至相互之间产生认同感、信任感,从而有效地进行情感和信息的交流,提高与他人的交往能力、协作能力等。

(八)帮助消除心理疾病

社会竞争的日益激烈和生活压力的增加使人们产生悲观、失望的情绪,进而导致各种心理障碍的产生。积极参加体育锻炼不仅会使身体素质得到改善,还能使个体获得自我成就的认知和情感体验,从而产生愉快、兴奋和幸福感。因此,适当的体育锻炼能使个体克服心理障碍,获得心理满足。研究发现体育锻炼对心理健康的影响主要集中在认知功能、焦虑和抑郁、自我概念方面,体育锻炼不仅有助于提高认知功能,减少老年人的认知退化以及改善智力落后儿童的认知能力,还可以作为焦虑和抑郁的预防和治疗的手段之一,也可以提高自我概念,有助于良好心理品质的形成。

总之,现代生活中的体育锻炼发挥着不可替代的重要作用,是人的全面发展的必经之路。加强体育锻炼,拥有强壮的身体和良好的心理素质,为最终成为优秀的能适应时代发展的人奠定了坚实的基础。

(九)体育是人体的劳动与教育

体育与劳动都是为了一定目的而进行的有意识、有组织的活动。劳动以人类维持自我生存和自我发展为目的。体育以身体练习达到增强体质、提高运动技术水平为目的。劳动不仅促进了手与脚的分工,使人学会制造和使用工具,还促进了大脑和机体的进化,加速了信息的积累与处理。劳动在信息的形成、传播、处理和运行过程中起着决定性作用,因此可以说劳动创造了所有价值,劳动创造了人类本身,劳动为体育的产生发展奠定了基础。

第二章 体育学视域下人的全面发展的理论维度

人类在劳动中孕育了体育。劳动是人创造自我内外存在的活动,包括各种生产过程,在各种技术水平上千百万种工作和任务都是由劳动完成的。对于一切人类文明来说,劳动力都是最重要的生产要素。

古希腊人在祭祀活动中诞生了辉煌的古代奥林匹克运动会,并延续千年之久,为人类体育的发展做出了贡献。如游泳,远古时代,人类在布满了江、河、湖、海的地球上生活,不可避免地和水发生关系,在同生产劳动和大自然作斗争的过程中产生了游泳活动。劳动人民把游泳作为同大自然作斗争的一种手段,并在生产劳动中不断发展了游泳的各种技能,创造了不少泅水的方法,如狗刨式、寒鸭浮水式、扎猛子等。19世纪末,近代游泳运动出现。1896年,希腊举行首届奥林匹克运动会时,开始把游泳列为竞赛的项目之一。劳动与体育两者的关系是相辅相成的。人类在劳动中产生了体育,也在体育中提高了劳动。

石器时代,由于求食与自卫的需要,如追逐作为食物的野兽等,人就需要有一定的奔跑速度,需要有跳跃、投掷、攀登、翻越、泅水等技能,这些技能的锻炼成为远古先民日常生活中最经常的肢体活动。要能跑善跳、耐久力强、敏捷灵活而又有力量,这就促使他们在生产之余对劳动动作进行一些简单的模仿和重复。这就是原始人的最简单的活动,是原始体育活动的雏形,这些活动便是古代原始体育活动的前兆。随着社会的不断进步,人们的生产水平逐渐提高,从而有了剩余产品的出现,于是人们不再为劳动而奔波,有了余暇时间,原始人的教育、娱乐活动、原始的宗教活动、军事训练也应运而生,体育就贯穿其中。在社会的变迁过程中,在保留其基本形式的基础上,与相对应的社会生产相结合,经过不断整理、社会化加工,从原始身体劳动中脱离出来,逐渐趋向独立与完善。在现代众多体育运动项目中仍可清晰地看到劳动的痕迹,例如标枪、铅球都是从原始社会投掷来获取猎物的身体活动中演化而来的,跨栏是早期人类为逃避野兽攻击或求得生存的一种身体活动形式等。并且这些演化来的身体活动现阶段已成为强身健体、获取运动知识与技能的专门性文化活动。

人类社会早期，体力和体能是人赖以生存的核心因素，它们关乎一个部落、一个群体甚至一个种族的兴衰。随着社会生产力的发展和生产工具的不断更新，人类对获取生存物质所需体能、体力的要求也越来越高，为满足社会成员多元化的生存需求，逐渐产生了以提高体能、技能为目的的专门性活动，这些专门性活动成为原始体育的萌芽。伴随着社会文明的进步，体育逐渐脱离原始形式并发生了质的变化，不断与现代科技相结合，并走向科学化发展的道路。

总之，人在体育活动的过程中，能够学习、掌握体育运动知识与技能，从而更好地适应社会生活。同时，参与者内心的孤独、压抑等不良情绪也得以释放，其精神得以放松。从内外层面来看，体育为劳动个体保持积极、热情的工作状态提供了保障，激发其劳动力与创造力，提高其工作效率，从而有效地促进了人的发展。

第三章 高校体育教育人文精神的价值

大学体育人文精神在大学体育中引领人文教育的发展,是大学体育教育的精神内核,它不仅能推进大学生的社会化进程和核心价值观的形成,也能激励大学生全面、综合地协调发展。大学体育人文精神发挥着引导大学体育教育、文化的健康发展以及体育对"真、善、美"价值理想的追求,全面体现了大学体育不同于其他教育的独特风格,彰显了大学体育对人生命存在的意义的终极关怀。本章侧重于高校体育人文精神缺失的原因分析、价值取向、人文素质教育反思,并对"中国梦"时代高校体育人文精神的构建与培养做出具体说明。

第一节 高校体育人文精神缺失的原因分析

大学体育价值的实现很大程度上取决于大学体育人文精神能否发挥功能。在经济全球化、文化多元化、大数据网络化信息大发展这样的社会转型背景下,当代大学体育的"竞技化""科技化""工具化"倾向与价值"功利化"取向日趋凸显,浮躁气息弥漫大学校园,大学的价值理念也被庸俗主义、利己主义、功利主义和工具主义所扭曲,大学生的身心健康受到了侵蚀,健美的身体也渐渐变为服务于工具理性的功利躯体。鉴于此,大学体育教育的"价值理性"被"工具理性"所取代,致使大学体育中人文精神面临严重缺失的危机。

本书目的旨在有针对性地为大学体育人文精神的回归与培养,实现大学体育的目标与价值理想提供可借鉴的理论依据、指导其正确的发展方向。当然,对大学体育人文精神失落原因的探索,不仅要从大学体育教育自身出发,还必须结合社会,从政策、经济、教育等多方面进行理性思考和全面把握。

一、政策因素导向分析

就社会政策制度的分析而言,制度总是在社会关系中作为内在的一种形式和结构而存在,是社会得以正常运行的保障与基础,在社会形态中处于主体地位,也是人在这一环境中生存与发展的存在方式。

但是,一向注重协调人际关系、处事为人,一向讲求"通情达理、于情于理"的中国传统文化,往往以人情世故的和谐来弥补法律制度的疏漏。这无疑是不可行的。因为仅靠伦理、道德,靠人们的自觉遵守是无法维护现代社会的精神家园的。引申到学校体育层面,大学体育的人文精神在这样一种缺乏保障与约束的环境中是无法发挥其正常功效的。相关针对当前大学体育人文精神缺失成因的政策制度分析就已指出,"十二五"到"十三五"期间,由于大学体育各项政策和相关制度不完善,现行的大学体育竞技管理结构、制度上的各种缺陷已致使大学体育出现"竞技化""科技化""工具化"倾向,并最终导致大学体育"异化"。这些"异化"现阶段主要包括:大学体育竞技的理论框架、整体运行机制、分层管理体制、竞赛编排制度与规则不匹配,与现实存在偏差。

此外,在大学体育领域还存在一些与大学体育竞赛相关的其他配套制度、法规(如竞技运动员选拔机制、训练过程管理机制、人才输送体制、财务管理、竞赛监督与评价机制、奖励机制等)滞后于大学体育竞技的现象,主要体现在比赛中有大量高水平运动员参与,使得普通运动员很难在竞赛中取得优异成绩,竞技水平无法跟高水平运动员相比,从而影响了普通学生参与大学竞赛的积极性。

当人们的体育实践活动都缺乏制度和规则的约束时,那么大学体育人的异化、竞技体育的异化以及不文明行为就有可能出现,甚至会被这种缺陷制度所制约。长期以来,大学体育竞赛都是大学体育竞技运转的核心,竞技赛场通常也是道德问题与"物化""功利化"等不文明行为的"重灾区",这些都与竞赛制度的完善程度紧密相关。比赛的编排上如果缺乏合理性与科学性的考虑,那么在很大程度上就有可能导致"消极比赛"现象的出现。因为运动员故意输掉比赛,就可以选择与调控在下一轮次比赛中对自己有利的比赛对手。

但这种现象,事实上并非不可避免,只要做到制度上的科学合理,就不会有"消极比赛"情况的出现,体育道德的失范与不文明现象也就无处滋生。

二、经济因素导向分析

市场经济是人类社会发展到一定阶段的必然产物。我国已经初步告别计划经济时代,建立起社会主义市场经济体制。然而任何一种经济形态都存在一定的局限性和不完善性,市场经济也不例外。首先,市场经济是一种通过激烈竞争、以追求利益最大化为直接目的,以物质利益的获得来调动人们的积极性与创造性的经济形态;其次,市场经济虽然激励了人们追求利益和创造价值,但也产生了负面影响。它容易使人们忽视长期目标而只着眼于当前利益,只用工具理性的眼光来观察物化层面。而当价值理性的精神层面被遮蔽,对功利的追求就会胜过理想的实现。具体到大学体育人文教育层面,市场经济对它的直接影响在于人们普遍崇拜片面发展的"体育经济人"而遗忘了全面发展的"体育文化人"。

只关注在经济领域内竞争获胜,对物质财富的追求大大超越对审美、娱乐、健康、情感、生命质量的关注与追求,大学体育的价值理性被工具理性所取代,公平竞争精神遭到无情践踏。正因如此,可以坦言,是市场经济"双刃剑"的作用造成了大学体育人文精神的缺失,这种影响主要体现在以下两个方面。

首先是市场经济对大学体育人文精神建设具有一定的积极影响。它倡导在大学体育文化实践中讲究义务与权利的均衡,充分尊重学生个体在生存、发展以及自由方面的选择权,增强了他们的自由民主意识、团结互助与公平竞争意识,有利于对人身依附的摆脱,促使他们在公平竞争与团结协作的体育实践中形成独立的人格。

　　其次是市场经济对大学体育人文精神建设的消极影响。这种消极影响主要表现为"两面性与冲突性"。在市场经济利益机制的运行驱动中,重点凸显的是功利性和物质性,道义被抹杀,人的本质被"物化";大学体育主体的自主意识在市场主体的能动性中被赋予,同时也对集体本位造成重大冲击。

　　市场文化的多元性虽然对大学体育精神文化内容的丰富多彩性有促进作用,但又在导向上加大了难度;市场法制规范虽然强化了大学体育管理、强化法规的制裁作用,却忽略了大学体育人文精神内在约束的作用。

三、教育因素导向分析

　　以追求人的全面发展为终极目标、关注人的生命意义与价值理念,是大学教育的基石。多年来,人文教育的缺失是导致我国大学体育人文精神缺失的最直接原因。改革开放以来,"科学技术是第一生产力",使迅速实现工业化发展成为中国科学教育的首要目标。

　　由此,科学教育在各大高校中迅速发展,在大学体育教育体系中也取得了举足轻重的地位。此时中国的大学体育教育出现了明显的"重智育轻体育""重技术轻人文""重竞技轻健康""重体格轻人格"的错误倾向和高度专门化的弊端。

　　这种高度专门化不仅使学科门类分家,使学科专业过细过窄,形成"专才教育"模式,更使体育的审美价值趋向边缘。特别是科学技术催生下的运动成绩的更新,运动技能已被演化为媒体传播的技术展示,使大学体育竞赛演化为科技的较量,大学体育教育由此变成了可有可无的"体力教育"与"体质教育"。

目前,学界对中国社会大学体育教育是否存在科学主义,以及如何界定大学体育教育中的科学主义等问题众说纷纭,存在争议。主要表现在:体育科学教育在大学体育教育系统中占有较大比重,是体育人文教育难以相比的。

遮蔽大学体育课程中人文教育的缺失,除体育课程科学化所致的体育课程人文性消解或被遮蔽外,也表现在体育人文教育课程内容比例的减少。

现实大学体育课程的开设中,有不少高等院校砍掉了体育课程中的人文教育内容。问题的关键还在于体育中少有的人文教育课程,已被身体素质、运动技术、项目技能水平测试以及各个量化指标所取代。在"科学化"的遮蔽下,我们基本上可以说,人文教育已名存实亡。在科学化的标尺量度下,工具理性排斥了体育的价值理性,体育中的人文精神也不可能发挥其应有的价值和作用。所谓体育课程科学化是指在体育教学中被称为"唯理性教学模式"。在教学实践中它只关注人的生物性的生理负荷,如心率、脉搏曲线的变化,对学生的体育行为与人文素养关注甚少。

学生的身心健康、体育审美、体育人文价值观在运动实践中几乎被遗忘。新时代大学体育教育革新与反思这种教育模式重智商的提高,而忽视对情商的培养;重知识技能的传授,而忽视个性发展与人格的塑造。更令人遗憾的是,这种教学模式已然在各级各类大学的体育教学中占据主导地位。我国大学体育课程受课程"科学化"的影响,多以项目技能、技术和健康等自然科学知识为主导,缺乏运动处方和体能适应协同发展的指导。只有少数大学开展体育人文类知识专题讲座,大部分高校体育实践课都以单独开课为主,体育课程在对教学水平的分级上,只重视对运动技能技术的掌握,缺乏对学生公平竞争、团结互助、敢于胜利、顽强拼搏等综合素养的培养,这种严重的教条形式主义导致体育课程呈科学化倾向。

我国大学体育人文教育的缺陷遮蔽了体育人文精神功能的发挥，造成体育人文精神教育被"科学主义"所吞噬的尴尬现实。正如有的学者所言，"当前大学体育人文学科边缘化和人文精神缺失的危机，不过是体育自然学科（运动生理生化、运动解剖、体育统计）对于体育人文学科的排斥的结果"。

在这种"生物体育观"指导下的体育课程，存在着对身体摧残和人性扭曲的隐患，遮蔽了大学体育课程中的"人文性"。这样的教学活动不仅使学生的主体地位与参与权力被剥夺，独立自主的个性发展与创造性思维也被压抑，团队协作能力的培养更是无从谈起。

人文教育的政治化造成大学体育的人性空疏在中国漫长的发展历程中"政治化与意识形态化"早已根深蒂固。"道德实质上乃是政治"的理念，早已将知识分子与政治权利、国家同构在同一高度的关系之中。正因为这种同构关系的存在，所以我国古代教育的主要内容被确定为培养人的礼仪心性。而教育本身，人文教育也就形成了"政治化""意识形态化"倾向。这样的情形在近代虽然经实学思潮"西学东渐""废科举兴学堂"以及科技革新的冲击与碰撞有所改观，但本质上没有太大改变，即使在中国多元化的现代社会，体育教育发展史上的体育人文知识、体育人文教育功能的"政治化""意识形态化"也没有寿终正寝。人文教育与政治同构的这一传统故而保留至今。

在这种人文教育政治化、意识形态化的背景下，当前体育人文教育俨然变成了一种摆设。此外，在教育因素中，大学体育的培养对象——学生价值观念的异化也是造成大学体育人文精神缺失的重要原因之一。一方面学生受功利主义、利己主义、享乐主义和拜金主义的影响；另一方面，一些学生整天沉迷于酒吧、KTV、网吧、网络游戏等虚幻的精神娱乐消遣中，把现实生活与历史赋予的社会责任遗忘在虚幻的世界中。在这样的环境中不仅不会学到全面的运动机能和体育健康知识，更没有充分锻炼好自己的身体，甚至将大学体育健康课作为一种负担,从而最终影响了他们自身的身心健康与社会健康的和谐发展。

第二节　高校体育人文精神的内涵诠释

精神在《辞海》里的定义有两种:即人的意识和内容的实质。如果把这两方面含义结合起来进行理解,就可以认为精神有广义和狭义两种:广义的"精神"指人的意识、思维活动和一般心理状态;狭义的"精神"指人们的思想意识中所包含的精要、精华或实质的内容。"在宗教信仰者和唯心主义者看来,精神是对意识的神化。唯物主义者常把精神与意识的概念等同起来使用,认为它是物质的最高产物。"

一、体育人文精神的内涵

当前对于人文精神内涵的界定,可谓是众说纷纭。有人认为:"对人的关切,尤其是对普通人、平民、小人物、无依靠人的命运和心灵的关切,也是对人的发展和完善,人性的优美和丰富的关切"。在了解这一内涵之前我们首先要对人文这一概念进行剖析,虽然至今尚无明确严格的定义,但《辞海》解释说:"人文"今指人类社会各种文化现象。在中国传统文化中,"人文"与"天文"相对应。"人文"源于《周易》:"文明以止,人文也。观乎天文,以察时变;观乎人文,以化成天下。"在中国,学术界往往把研究社会现象和文化艺术的学科统称为"人文学科",在西方这个词源出于拉丁文"humanity",意思是人性和教养。对于"人文学"及其蕴含有过精辟的论述:"人文学不是一门求'知'意味上的学问,它并非与知识无缘,但其归趣毕竟在于'觉',心动之于外向度而有认知之学,心动之于内向度而有觉悟之学。"以认知为主导的学问是科学,以觉悟为主导的学问是人文。

"出于对人生意义的眷注,去反省、领会以图矫正或倡扬人的实践行为、精神行为中的态度是人文学的本分,正是因为这个本分,它把自己同种种社会科学区别开来"。在他看来,人文学实际就是关于人的生命取向或价值取向之学。由此可见,人文指在一定区域内,一个民族或一个阶级的人们在特定的历史和文化背景下对某种价值取向的认同,尤其是对人的价值、人的生存意义的一种共同取向和判断标准,表现在个体身上就是对人生意义的态度和理性追求。强调"人文"的核心就是"以人为本",重视人的价值。

人文,就是要满足个人与社会需求的终极关怀,是要关心人、集体、社会、民族、国家、世界,是人的精神世界的需要,是人要成为"人"的精神需要。反之,人不成为"人",人类社会也就不复存在。丧失了人文,就是丧失了人性,就是丧失了"人"。人文不但直接关系到人性,关系到做人,而且深刻影响着灵性,影响着创造性,最终影响到做事。爱因斯坦曾经指出:"科学研究中真正可贵的因素是直觉;物理给我以知识,艺术给我以想象力,知识是有限的,而在艺术中开拓出来的想象力是无限的。"在此基础上,彭加勒也指出,"逻辑是证明的工具,直觉是发现的工具。原始性的创造都属于直觉,都依赖于右脑。而右脑的思维又与文学艺术活动有关,即同人文思维有关"。人文还严重关系到民族存亡、国家强弱与社会进退。

(一)人文精神的概念界定

人文精神是指对人的生命存在和人的尊严、理想、价值的理解与把握,以及对价值理想或终极理想的执着追求。人文精神既是一种形而上的追求,也是一种形而下的思考。儒家代表的是一种涵盖性很强的人文精神,儒学思想文化作为中国传统文化的核心,其人文精神的资源表现在忧患精神、和合精神、人本精神三个方面:

1. 忧患精神是关怀、命运以及使命意识的表征

儒学思想中忧国忧民的忧患意识,是对于国家生存和人民生命的关怀,是对个体和整体(整个人类生命)存在的命运,未来变化和责任及使命意识的表征。孔子讲"君子忧道不忧贫",这种"忧道"的积极入世品格,使"道"的精神得以提升,并与"仁"相结合。这种忧患精神是对国家民族人文关怀的博大情怀;是面临困境绝不屈服、不畏艰难的积极参与、敢担当责任的精神;是救民族于危亡、救人民于水深火热而敢于牺牲奉献的精神;也是"居安思危、处兴思亡"的辩证理性精神。

2. 和合精神是儒学思想对人生存的思考活动

和合是儒学思想中对人的生存意义的思考活动,它是儒学所普遍认同的理念,并纵横贯穿儒学演变的全过程,尽管先秦以后有断裂,但现在仍然有传承,它统摄社会伦理道德、价值取向、心理结构、行为动机、思维方式及其审美情感等。

儒学和合精神既是宇宙精神,又是道德精神,是天道与人道即"天人合一"的精神,是人与自然、人与社会、人与人之间、人的自我心灵冲突融合而"和合"的精神。目标是最终达到"人和而天和,人乐而天乐"的天人和乐的"和合"境界。

3. 人本精神是人们对人世探求和处理活动的集中体现

在中国传统思想文化中,存在着一种人本主义倾向,这种人本主义不同于文艺复兴以来西方那种反对神本主义,讲究独立人格,天赋人权,强调个性解放,带有强烈的个人主义色彩的人本主义。中国古代的人本是指以人为根本,肯定人在自然社会中的地位、作用和价值,并以此为核心,解释一切问题;在解释一切问题过程中体现出人在宇宙中的地位、作用和价值,强调人的尊贵性,便构成一种人本精神,中国在古代就有"重人"的纪录,非常强调人重于神。

具体来说,人文精神就是人们对人世探求和处理人世活动的理想价值、追求和行为的集中体现,是对探求人世活动的成果在精神上的升华,其核心是以人为本位,强调人的尊严和价值,重视对人的关怀,是人性和人的本质的体现。以人为对象,把人作为主体存在,注重人性的提升,注重人的生命意义和价值,引导人们在自由创造和自我完善的过程中逐渐达到"真善美"的理想境界。

"讲世界观、人生观、价值观,就讲到了人文精神。人的意义,人生的追求、目的、理想、信念、道德、价值等,这里面的高尚的、善良的、健康的精神,就属于我们要发扬的人文精神。"人文精神主要通过人生观、价值观、世界观、人格特征、审美情趣等体现出来,要达到提升人文精神的目的,就必须要实现人文教育。

(二)人文精神的特征表现

人文精神回答的是人的实践活动的目的性问题,它把人们进行生产实践、社会实践和科学研究的目的,归结到为了人的生存和发展上面。因此,人文精神的特点主要突出人类的和谐和人与自然的和谐这一大主题。有以下四种特征:

1. 人文精神的核心是以人为本

以人为本,即承认和尊重人的主体地位。主张人是自己的主人,是万物的尺度,是目的而不是手段;主张人的自由,追求人的全面发展和幸福;主张尊重他人、以诚相待、平等相处。

2. 人文精神具体形式的多样性

精神需要以文化为依托,由于世界文化形态的多样性,人的需求同样具有多样性,人文精神的具体形式必然也具有多样性特点。这种多样性主要表现在东西方人文精神在宏观上的差异,也表现在同一个文化体系中的制度层面、观念层面、行为层面和环境层面的人文精神的微观个性差异。而且,在同一层面的人文精神,如在制定层面上,也有教学管理制度、财务制度、科研制度、服务制度等多种多样的人文精神。

3. 人文精神具有普遍性

人是世界的主体,人类的一切活动归根结底都是为了满足自身的生存和发展需要,实现人的自身利益,所以,基于人的需要和利益之上产生的人文精神,是人类的共同精神。尽管在不同的历史时期、不同社会条件下有着不同的发展需求与风俗习惯,但在人与人性的问题上,在关爱人、尊重人等方面却是共同的,普遍的。

4. 人文精神具有时代性

人是具体的、历史的,因此,反映人的需要的和利益的人文精神也必然是具体的、历史的,具有强烈的时代性。主要表现为:人文精神是时代的产物,不同时代具有不同内容的人文精神;人文精神要随着时代的进步而不断发展。要研究人文精神,就须注重当代人的生存和人类未来发展的需要。

二、体育人文精神的意义

无论是中国古代的人性学说还是西方的人本主义,都是把人的本质归结为自然本性,始终没有揭示出人的社会本质。马克思则提出要从人的社会性看人的本质和人性。他说:"人的本质不是单个人所固有的抽象物,在其现实性上,它是一切社会关系的总和。"把劳动实践当成做人需要学习的首要基本观点,以此来理解人的生存和发展,这是马克思人学思想的基本特征。人类文化中的人文精神,通过体育这种特殊的行为方式在人类活动中全面展现,就是我们所说的体育人文精神。它既是一个发展的概念,又具有不同的时代内涵,但无论存在哪个时代,体育人文精神的核心都应是人性和人的本质的体现,即"以人为本"。

(一)人文精神在体育范畴里的概念界定

人类文化发展是人文精神的核心,是把人作为主体存在的一种文化思想现象,在生命过程中追求一种健康与和谐的生活方式。虽然要确切给出体育人文精神的定义非常困难,但我们可以将体育人文精神归纳出以下四层含义:一是价值观层面的含义,即对"公正、公平、正义"等重大价值的渴望与呼唤,这是体育人文精神的初始目的;

二是道德层面的含义,即对"道德行为、道德修养、道德信念和道德人格"的看重与追寻,这是体育人文精神的理性基础;三是科学层面的含义,即对知识、科学、真理的重视与求索,对体育本质和客观规律及真理的追求,这是体育人文精神的发展目标;四是主体层面的含义,即对人的主体性的肯定,从人本身出发,也就是对人的幸福和尊严的追求。这是体育人文精神的本质所在。因此,我们可以总结为,体育人文精神是一种体育文化的理想体现,它追求"真善美"等崇高的价值理想,以人的发展与和谐为终极目的,关注人的存在、意义和价值。

在当今社会生产力迅速发展、社会生活水平日渐提高的信息网络时代,体育人文精神表现出应有的内涵:以人为核心,关爱生命、维护人的尊严、尊重人的个性需求与选择,通过体育活动方式,全力促进人身心的健康与快乐,尽可能地促进人的全面、和谐发展。对人类自己的关怀,其主要表现为对人类的生存与发展的基本关怀。用哲学的观点来思考人生命的意义和对人的价值关怀,才能实现对人类自己的全面的真正关怀。体育人文精神还体现在培养有责任感的社会成员,即"由自我关怀到关怀他人,把情感从家庭、学校、社团扩大到社会、国家以至于世界,去理解天地万物的协调一体"。因此,体育人文精神的内涵可以确定为对人的基本生存与发展的关怀,对人类自身身心健康的关怀,通过体育优化人的生活方式来实现对人性的弘扬与追求。当然,体育人文精神对人的生存健康维护的前提是人的生存意义,首先要得到人文价值的关怀,否则体育的未来发展和新时代大学体育教育革新与反思会误入经济主义、享受主义的困境。从这个意义上说,它对人的生存健康的维护有赖于哲学对人的生存意义的关怀。

总而言之,体育人文精神作为体育文化的核心精神,是从体育文化心理层面表现出来的文化精神的总和,它的实质是以追求真、善、美的价值理想为核心,以人的健康发展为终极目标;以人为本,优化人的生活方式和在体育中对人性的弘扬与追求,关爱人的健康和生命的自由与文明的精神。

(二)体育人文精神特征表现

体育人文精神是人在社会实践过程中创造出来的,是人类智慧和创造力的反映。不同的地域环境、不同的文化区域、不同的民族文化,对体育人文精神的形成产生不同的作用和影响。因此,体育人文精神在满足人们不同文化背景的需要时,形成了不同的个性特征。

1. 体育人文精神具有民族性和时代性特征

体育人文精神的民族性。它是指体育人文精神在一个民族的发展过程中,形成与其他民族相区别而本民族群体共有的特征。它体现在各个方面,形成一种习惯、制度、规范,融入一种文化,传承民族特色,使之做出符合本民族体育价值观和民族体育心理的精神选择。如武术的动作结构、技法等体现它的中华文化特征;相扑运动的特点反映了日本民族自大意识;瑜伽的技法和理念反映了印度的民族体育特征。套路演练是强调中华民族精神"意境"表现的一种反映,正是这种对本民族文化与传统的反映,使中国武术形成了有别异国体育人文精神的民族性。正因如此,外国运动员在了解中国民族文化之前,很难掌握中国武术的精髓——"精气神",通常只能机械地模仿。

2. 体育人文精神具有积极性和先进性特征

在体育实践中,参与者能在运动中得到一种自我实现或自我超越的体验。其他文化形式中这种体验的获得人群的范围是狭窄的。体育人文精神的积极性和先进性决定了体育在大众社会中的重要地位。体育始终用自身的文化优势来改善大众文化,大众文化的普遍性使得社会普遍接受,这既是其优势也是其局限性。美国的纳德·罗森贝格把大众社会文化的弱点总结为"单调、平淡、庸俗和丧失人性,以及在富裕生活中所产生的诱惑和孤独感"。从世界各国的实践情况来看,体育成为充实大众文化、引领大众文化健康发展的主要手段和方法,促进大众文化生活的健康发展。在现代社会大众文化中,体育引领的健康向上的大众文化生活环境已成为人们社会文化生活的重要组成部分,积极向上的体育人文精神融入人的生活方式——健康的生活方式。有些大众文化的精神品位不高,其中庸俗文化氛围相当浓厚。当然我们不能认为这仅是某个国家或者某个地区大众社会的事,世界范围内的大众文化普遍存在着庸俗文化的内容,只要用积极向上的、先进的文化形式来引领它,不断强化先进的文化精神,这些庸俗的内容就会不断弱化。尤其应该用诸如体育人文精神的先进文化去整合大众文化,使其提高文化的"免疫力"。实践表明,政府和文化主管部门如果用健康、积极的高雅文化去整合大众文化,就会对和谐健康的大众文化环境的形会有很大的推动作用。

3. 体育人文精神具有泛道德性特征

泛道德性的事物,有利于在人群中传播,容易形成普遍的认知。体育人文精神的泛道德性使得主流思想在群众中更好地传播,使其形成共同的认知。从古到今,政治家都十分重视体育人文精神的泛道德性,常常利用体育精神、文化来传播其理念,宣传统治阶级理想,主导社会主体思想,为其统治服务。这一泛道德性首先表现为对自身的道德监督。比赛规则中与道德有关的条款如反兴奋剂、惩治体育舞弊、反对有悖于竞赛规范的行为等都是其泛道德性对自身监督的表现。所以,未来将借助体育立法来解决体育泛道德性约束之外的不道德行为。当然,体育人文精神的道德约束力是有局限性的,并不是所有体育现象中的问题都能解决,包括体育本身的道德问题。因此,体育立法是体育人文精神发展到一定阶段的必然结果,通过具有强制实施力的法律去规范体育发展过程中出现和将要出现的问题。但是在现行的社会条件下,体育立法的作用并不明显,或者说它只能在一个国家、一个民族、一个共同体内部起着作用。目前世界上没有一部通行的体育国际法,法律的实体作用仍局限于国家之内。值得注意的是,不能因为体育人文精神具有泛道德性而认为体育就是有阶级性的。在体育的本质中并无阶级性,只是在社会发展的历史阶段中,体育人文精神的表现形态、社会文化功能等方面存在着阶层,并随着体育人文精神要素的不断更新而发展。

4. 体育人文精神具有依赖性特征

在人类社会早期,体育还孕育在人类的自然生活中,体育人文精神也孕育在宗教活动、军事教育等人类社会活动中,是一种不独立、依附的形态。体育人文精神的价值也不能独立地体现出来,必须依赖其他的文化形式表现出来。如祭祀、娱神中的舞蹈和竞赛活动,没有宗教文化显然就失去了体育人文精神存在的载体和基础;君子七技中的"骑、棋、射"离不开封建等级的教育制度;军事体育离不开军事实践。体育人文精神其形态在独立之前对社会文化中的主要文化情结都表现出很强的依赖性,尤其是体育人文精神表现行为层面的依赖性更强。体育人文精神已经成为现代精神文化交流的重要组成部分,比如:人文奥运精神对社会价值观、伦理、审美的依赖,组成社会意识形态的思维方式。价值观念、行为规范对奥林匹克运动精神的影响和支撑作用是不可低估的。

三、大学体育人文精神的内涵诠释

大学体育人文精神就是人文精神在大学体育实现自身价值过程中的表现。就是指大学在一定的社会历史条件下,为实现教育目标,在长期的大学体育实践中逐步积淀、整合、提炼出来的,反映大学广大师生员工共同的健身目标、理想、信念、体育传统和行为准则的价值观念与群体意识。具体来说就是围绕大学教育的总体目标,通过体育基本的实践活动过程,在大学体育执行它的任务过程中表现出的一种以大学生为根本,对他们身心健康、基本生存与发展的全面关怀,通过大学体育实践活动优化他们的大学校园文化生活和对其人性的弘扬与追求;它的实质是以追求"真、善、美"崇高的价值理想为核心,以大学生的健康、全面发展为终极目标;崇尚关爱人的健康和生命的自由与文明的精神。

大学体育人文精神往往表现为具有较高文化水平层次的体育及其相关活动。这是由现代大学的本质——传承文化、培养人才、科学研究、服务社会所决定的。因此,大学体育人文精神也应围绕体育文化进行传承与融合,创新与应用等活动,并且这些活动还必须具有较高的体育文化层次与水平,否则将无法与"大学"或"高等教育"相匹配。这样,这些活动才能成为大学(高等教育)与体育相结合的纽带。

通过大学体育人文精神的建设,增强大学生的竞争意识,激发他们的进取心;培养他们的坚强意志,提高他们克服困难的信心和勇气;培养他们的团结协作精神和遵纪守法的品德;培养他们的创新欲望,以创新的精神来汲取知识和技能,以更好地体味大学生活,面对社会。在大学体育培养的目标中,人文精神的弘扬,超越自我精神的宣传,人类"更快、更高、更强"理想的追求,团结奋斗的赛场精神的赞许,公平竞争和拼搏奉献等精神的培养,都体现了现代大学体育对大学生体育人文精神的涵养作用和相应的要求。大学体育人文精神的建设主要是通过大学体育课程与大学体育竞技即大学高水平运动队的训练与竞赛两个途径来实现。

第三节 高校体育人文精神的价值取向

随着人类文明的进步和社会文化的发展,任何一种文化都不可能独立发展或孤立存在。东西方文化与国际文化之间的交流与合作已成为无法阻挡的主流。作为文化重要组成部分之一的体育也不例外,东西方体育文化都是人类共同的文化的结晶,是人类物质文明与精神文明相互交往的结果,从文化的角度对中国传统体育的继承和西方体育的借鉴进行研究,有利于加强不同背景体育文化之间的交流与合作,通过相互吸收、相互借鉴、互补优势,更好地传承中华体育文化、更好地发展世界体育文化,促进体育文化的全球化与多元化发展,以达到人类文化的共同繁荣。

一、人文精神的价值发展路径

人文精神的价值是一个历史的范畴,在历史上总是变动的,但却有着最为核心的作用,这些作用是相对稳定而较为恒常的,而不同历史时期的人们也大致承认这些作用,使其成为人文精神的基本作用。主要包括:第一,探讨人的本质;第二,建立价值体系;第三,塑造精神世界。这三个方面的作用,可以说是人文精神最为核心的作用,也是人们对于人文精神作用的基本需要和基本评价。这些就构成了人文精神的基本价值。

(一)认识人的本质

人之所以为人、人之何以为人的问题,是人们在自己的生命历程中必然会碰到的问题,甚至是人们从小时候起就必须要思考的问题。对于这个问题,有些人通过自己的人生经历,通过在人生经历中对生活经验的体验、感悟,从自己的生活实践中能够逐渐悟出该如何面对这些问题,成为一个真正的人。但是更多的人则是通过人文精神的教育、学习、实践来解答这些问题的,古今中外的人文学者都承认过这一观点。中国古代哲学家王安石就鲜明地昭示了人文精神的这一基本价值。

(二)揭示人的存在与活动的意义

如何通过揭示人的文化生命的存在与活动,使人了解人之所以为人、人之何以为人,最为关键的是如何阐发人的存在与活动的意义。只有揭示人的存在与活动的意义,才能使人们真正明白人的文化生命的存在与活动,也才能做出正确的价值选择,建构合理的价值体系。人文精神的这一基本价值,也是通过它的不同分支学科来实现的。这里先以文学为例,来阐发人的存在与活动的意义。

它是通过对人的文化生命的存在与活动的现象描述,通过人物、抒情、故事,来阐发人的存在与活动的意义,宣示某种价值取向或批判某种价值取向,从而确立某种价值体系或解构某种价值体系。在此,文学家尼采说:"它是在死亡面前重申生活的意志,和这样一种生活的无穷无尽的欢乐。"因此,马克思说:"普罗米修斯是哲学日历中最高尚的圣者和殉道者。"而用汉密尔顿的话说:"埃斯库罗斯等悲剧作家笔下的每一个角色都是思想火花的象征符号。人的性质的全部哲学都体现在人们的语言中。"

(三)建构以意义为中心的精神家园

建构人的以意义为中心的精神家园。精神家园是人的文化生命的"家",然而,精神家园对个体的人来说,不是先天就有的,不是与生俱来的,而是在后天的生活、实践中逐步建构的。同时,人的精神家园也是丰富多彩的,包括了价值体系、精神境界以及性情、修养、气质、人格等多层面的内容。人文精神对人的精神家园的建构作用,也正是从这些不同层面的建构中体现出来。

首先,人文精神通过对人的存在与活动的意义的阐发,确立一个民族在一个时代的价值取向和价值体系。

其次,人文精神通过对人的存在与活动的意义的阐发,熏陶人的性情和气质,使人具有良好的修养。

最后,人文精神通过对人的存在与活动的意义的阐发,提高人的精神境界,使人的精神世界趋于提升和完善。冯友兰曾将人生境界分为"自然境界、功利境界、道德境界、天地境界"四种,他认为这些境界需要学习哲学。

当然,除了哲学外,文学、史学也都能帮助人提高和丰富精神境界。以上这三个方面就是人文精神的基本价值。这些基本价值,对人来说,不是一种物质之用,而是一种精神之用;也不是一种有形之用,而是一种无形之用;不是一种工具之用,而是一种本源之用。这就是人文精神的基本价值取向。

二、体育价值观统一下的中西两方大学体育异同

中国传统体育中强调"养生修性",练养结合,动静平衡的体育思想,对西方人具有极大的吸引力,他们试图从东方的处世之道和养生方法中汲取营养。例如,以奥林匹克精神为主的西方体育观念"和平与友谊""平等公平地竞争""体育为大众""重在参与"等逐渐为传统体育所吸收。总之,以儒家、道家、佛家为核心的传统体育和以新教伦理、竞争、超越为核心的西方体育,是两股不同的文化源流,很显然,中西方体育也必须具有各自核心文化的色彩和特征。

中国传统体育在儒家、道家、佛家思想的熏陶下,形成了融养生健体、道德教育、娱乐内敛于一体的独特风格。在西方奥林匹克运动的巨大影响之下,中国传统体育不再是封闭环境里的自足体,而是在同西方体育相互融合,相互竞争的汇流中迅速发展。同时,随着现代社会的不断发展,人们逐渐意识到了现代体育对培养全面发展的人格和体格的具体价值。中西方的体育冲撞与融合必然导致新一轮人体生命科学的革命,其最终结果必将以人的身心和谐发展为归宿。

不同时期形态各异的体育文化通过各种媒介对中国大学的体育发展与演化产生着巨大的感染力,它不仅使大学体育极具韧性、惰性和保守性,而且还滋生了"重智育,轻体育"的中国大学体育的显著特点。这一特点缺乏对体育的育人功能的认识,只突出了体育的政治功能,体育活动的群体性、技艺性和表演性得到充分的展现,但学生的内在需求与身体文化、审美意识都没有得到良好的发展。其主要表现在,当前中国大学体育形式、内容、组织体系等虽然相仿于西方,但大学体育仅掌握其形,而未继承其神。如:校级运动会目前在中国各大学中基本形成传统,但能正确认识校级运动会的价值和功能的学生及教师只占极少数,这会严重影响到他们对校运会的重视程度和参与激情。

此外,在当前中国大学体育课程中,由于中国传统体育缺乏系统

科学的锻炼方法,缺乏专门化的比赛规则的影响,使得大学体育课程中长期以养生太极、健身气功等传统武术为主,中国其他传统体育项目很少纳入其中,这在一定程度上阻碍了大学体育课程的改革与创新。由于中国古代体育活动几乎都从属于其他社会活动,因此,相关体育活动之间缺乏必要的内在联系,体育课程因而也未能形成一个相对独立的理论体系。

由于西方体育讲究竞争、追求效益,重契约规则,在这种背景影响下,西方的大学体育在训练的方法上注重对人体在运动中健美肌肉的训练,注重对人体外形的审美,强调身体的外在运动,提倡对身体素质潜力的挖掘,从而提高人体竞技水平,美化人体形象,使自己的精神充实而满足于其中。在运动方式的解剖上,重知行分析、讲究物理等力学原理,重视对人体结构的解剖和生理机能的探索,用科学的研究方法与实验来追求最激烈的对抗和竞技。在此基础上,形成了一套系统的科学理论支撑,有了明确的比赛规则和严格的场地器材要求。因此,大学体育竞技运动在西方国家开展得如火如荼,备受重视,也成为大学教育的重要组成部分。

我国的大学教育在看待大学体育价值观方面存在着明显的倾斜性,不是偏重于大学体育的物质价值(运动技能与身体素质的提高),就是偏重于精神价值(终身体育意识、审美鉴赏能力、吃苦耐劳精神的提高等),其区别主要源于各自学校的传统与理念。

美国的大学就与之不同,他们两者兼顾,力图寻求物质和精神在发生碰撞时的最佳融合点,对大学体育发挥的综合价值更为关注。

中西体育价值观各自反映了不同民族与国家的社会文化心理价值取向。由于历史、地理的原因,西方竞技体育项目(如:田径、篮球、排球、网球)在大学校园中长期占有主要阵地,中华民族传统体育项目(如:舞狮、舞龙、民族摔跤、民族舞蹈等)在大学却被排斥或忽略。这样的大学体育忽略了参与主体的民族文化心理价值观,使得大学体育的发展性、有效性与创新性受到质疑。中国传统体育虽然保守性很强,但也有创新性与融合性。所以,中国的大学体育在传承中华传统体育文化与弘扬中国体育人文精神的同时,还应积极借鉴西方的竞技体育精神和西方大学体育文化精华,将二者的文化结构和价值取向融汇在有机的结构体系中,建构新型中国大学体育观,以满足现代中国大学体育发展的趋势。

三、大学体育人文精神的功能

(一)导向性功能

大学体育人文精神是学校师生员工体育价值取向的导向,大学体育人文精神建设应体现国家和广大师生利益的一致性。大学体育人文精神的内容和表现形式,以及所产生的文化效应,对大学生的体育思想、行为与体育生活方式都有着深深的影响。它以一种客观的、实际的社会团体力量,制约和规范着大学师生的体育行为。因此,在体育实践中人文精神一旦涌入人们的思想中形成人们的主观意识,就会变成一股巨大的导向力,牵引着人们的体育行为。这一导向力对大学校园里的青年大学生来讲特别有效。这是由他们的经历和所接受教育的多少决定的,因为在这一时期他们的人生观、价值观和审美观都还没有定型,还处于逐步成熟阶段,需要有正确的力量来引导。

大学体育人文精神的导向性作用,主要通过两种渠道来实现:一方面是国家和学校的体育发展战略、方针、路线和政策,以及由此而产生的社会价值导向对大学师生的指导作用。大学社会化程度随着时代的发展越加深化,因此大学体育人文精神是离不开国家体育、教育的大环境的。另一方面是通过大学校园体育文化活动中所蕴含的价值观、道德观和世界观等对大学师生的潜移默化的人文性影响和导向。总而言之,大学体育实践中的各种体育文化活动,以及校园体育文化氛围都在无声无息地引导着学生的价值取向,对学生的终身体育意识的培养发挥着巨大的同化和牵引力量,体育人文精神的重塑就是要在育人过程中建立起具有正确导向的机制。

(二)示范与辐射功能

大学体育人文精神的示范和辐射功能是指体育人文精神主体中的优秀人物以及客体中的一些标志性物体对其他人以至社会产生的巨大示范、辐射作用。大学体育人文精神旨在对主体——体育教师、体育标志性建筑物和雕塑、体育吉祥物、标准色等的营造。有形的大学体育标识潜移默化地影响着大学师生。大学体育教师既要教书,又要育人,不仅要传授"三基"即体育基本知识、技能、技术,更要在体育实践中做到"求真、求实、求诚",坚毅自己的品质、完善自己的人格。在生活中不仅要对学生的学业进行关心,更要对学生严于律己的做事风格,以诚交友处世原则等方面的人文素养的养成进行人生指导。这是因为榜样的作用就在于易于效仿,感染和激励人的思想意识,具有强烈、深刻的教育示范与辐射作用。

散见于大学中的标志性体育雕塑等人文景观,也对大学人的生活产生潜移默化的教化与示范作用。如清华大学的马约翰雕像,微笑着面对过往的师生员工,让他们永远铭记马约翰带给清华的体育人文精神与体育文化思想。体育标准色指的是大学体育用一种颜色来代表学校体育的人文精神、形象和内涵,它在大学体育的各方面内容中均能得到体现、宣传和发扬。如:北京林业大学的标准色为绿色,那么学校体育设施、体育竞赛服装、体育网站等的基本色调均为绿色。总之,大学体育人文精神可以通过具有特定意义的体育标识、体育宣传栏与具有一定影响力的体育明星或体育人物以及体育历史等对大学师生的体育思想、行为产生直接的、强大的示范与辐射作用。

(三)健身与育人功能

1948年世界卫生组织指出:"健康不仅是免于疾病和衰弱,还是保持身体、精神和社会适应方面的完满状态。"这一概念基本改变了健康过去仅指无生理功能异常、没有疾病的单一概念,阐明了人的健康是包括身体、精神和社会三个方面。而大学体育人文精神之所以能增进人的健康,具有健身功能,是由于大学体育人文精神是通过多种形式表现出来的,而体育实践(课程教学和竞技训练)活动是大学体育人文精神的主要形式,它在促进师生员工身心健康方面起着重要的作用。

体育作为大学教育不可缺少的重要组成部分,始终在这个特定的领域里发挥着培养全面发展的人才的重要作用。大学是一个相对独立的文化、教育环境,而大学体育人文精神是一种相对独立的文化精神体系,它以一种无形的力量使其处于该环境中的每个人受到潜在的教育作用,并将他们逐渐同化为群体中的一分子。因此,大学体育人文精神的育人功能主要表现在它的潜移默化、暗示性和渗透性,这种暗示性与其他课堂教学中对学生的以单项灌输为主的教育的差异是:通过体育活动中统一的规则、规范的行为、严密的组织、轻松的氛围、身体和心理活动的统一,课堂教学参与者能够自觉或不自觉地接受体育人文教育,培养学生将来担任社会角色所应具备的人文素质和修养,以适应未来社会生活和工作的需要。

(四)约束与规范功能

为了依法治校,保证正常的大学教学工作与生活秩序,大学总要制定出相关的规章制度以便规范和约束大学师生的行为,这是有形的硬约束。虽然大学出台相关条文制度,但是这些硬约束不可能对大学的每个成员在思想和行动上起到统一的约束与规范作用,所以还需要以"德"治校,实行"软约束"。

大学体育的人文精神在大学体育实践中作为一种无形的人性的约束力量来制约人们的体育行为,以此来弥补各类体育规章制度等硬约束的不足。它既能使外界某种体育信念在大学师生的思想深处形成一种心理暗示,又能构造出一种应答机制,一旦外部诱导信号发出,内部即可得到积极的响应,迅速将预期效果转化成体育行为。这种软约束就是通常所说的大学体育文化氛围、大众体育行为准则和体育道德规范、体育习俗和风尚,它们是与大学体育目标和大学体育价值追求等精神文化的内容相一致的。这种软约束会造成一种强大的使个体从众化的体育压力和动力,使大学师生在心理与行为上产生共鸣,从而对自身体育行为、意识和道德进行调控。此外,各种硬约束对体育实践中人的心理冲撞,以及在人群中引起的心理抵抗力起到减弱和削弱的作用,从而在大学中达成统一、和谐和默契。这种软约束对每一个大学师生都能起到明显的约束作用。

(五)扬弃与创造功能

大学体育人文精神对一切外来体育文化和体育信息都有一定的筛选作用,这是因为大学体育人文精神的形成需要较长时间,需要几代人的积极努力,所以一经形成便不易改变,往往表现出相对的独立性和稳定性。因此,必须有选择性地对外来体育文化和体育信息进行筛选,"取其精华,弃其糟粕"。

由此一来,大学体育人文精神就成为大学体育、竞技体育、群众体育、职业体育之间的净化带,经过这个净化带后,外来体育文化中的消极因素将被过滤掉,积极向上、健康活泼的因素将被发扬光大。大学体育人文精神的创造功能就是指大学文化精神的主体按照客观规律,在传承社会体育文化、传统体育文化、西方体育文化的过程中所进行的文化思想再创造活动。在一定的环境中它还可以产生新的理念、学说和价值观,能为大学体育提供新的规范、模式和理念。

所以,大学既要加强体育社团的组织、管理活动,给广大师生员工提供更多的体育文化活动参与机会、展示体育才能的平台,又要组织开展系列体育文化讲座、体育健康与审美讲座等,积极倡导师生在参加体育文化活动过程中创造出新的文化活动形式、方法和思想。换句话说就是要通过大学体育人文精神建设为大学体育的主体创造机会,引导他们加强社会体育实践文化活动,使他们在实践中增进知识,增长才能,做出贡献,使大学体育人文精神的建设始终走在大学校园文化发展的前列,并充满时代的朝气和活力。

第四节 高校体育教育中的人文素质教育反思

近年来,我国高校体育教育事业得到了快速发展,但同时存在一定的问题,如我国高校体育教育中人文素质教育的缺失、重技术轻文化的传统体育教育思想的蔓延等。基于对上述问题的思考,从人文素质教育这一视角,对高校体育教育中人文素质教育的现状问题、实施途径和影响以及未来的发展进行了思考和探究,以期促进高校体育教育事业健康和谐发展。

一、人文素质教育的缺失

人文素质教育强调人文知识与人文精神的提高与培养。随着社会的发展与进步,人文素质教育逐渐成为教育领域中不可缺少的一部分;从文艺复兴发展至今,国内外学者对人文素质教育一词的内涵与外延进行了探讨和研究,其研究的范围和延伸性的解释众说纷纭。但随着人文思想在教育界的应用与发展,其概念内容逐渐趋于稳定及可界定性。人文素质教育就是"将人类优秀的文化成果,通过知识传授环境熏陶以及自身实践,使之内化为人格、气质和修养,成为人相对稳定的内在品质。"因此,在现代教育中实施人文素质教育思想更能体现学生个性、观念、情感等内在品质的意义及价值。长期以来体育被人们理解为"头脑简单,四肢发达"的一项社会活动,究其原因,在一定程度上归于人文素质在体育教育中的缺失。这种隐形缺失在当前体育教育快速发展的同时,逐渐因体育教育中人才培养的不全面性而逐渐凸现出来。

(一)体育思想偏差影响文化道德素养的流失

思维意识决定体育的发展,强健体魄已经成为人们思维意识中固有的体育思想。长期以来,正是这种单一、保守的体育思想制约着人们的体育观,并最终影响着体育事业的改革与发展。翻开历史的画卷可以看出,无论是西方体育,还是中国传统体育,最早都与军事战争中的士兵训练有着一定的关系。为了实现个人体能的最大突破,重视体育体能和技能培养占据着体育教育领域的核心地位,而文化素养方面的提高被严重忽视,直接导致现阶段体育教育无法适应以人文为主流思想的社会。这种人文素质的缺失以及人们传统思想的错误定位,使人们往往认为从事体育专业的学生,虽然具有较好的个人体育技能,但是在文化素养方面较差。当前,现代体育中足球比赛打架斗殴事件、服用兴奋剂事件以及大小体育赛事裁判评分的不公正等,也从侧面体现着体育道德文化素养的缺失。

(二)体育文化思想建设薄弱

通常所说的重文化概念是指学校教育中对文化知识的过度重视,致使对体育文化素养的忽视。轻体育主要是指学校教育中没有统一的体育文化知识教材,导致学校过度重视学生体质的强化,而冷落体育文化知识的培养。学校体育教育中的体质论教学就是其典型的代表。所谓体质论是指以追求学生身体素质指标为主要目的,而相对忽略了学生人文素质的教育。就目前来讲,"体质论主导的学校体育教学仍然在实践中走不出重技术技能轻人文教育的怪圈",如上体育课除了锻炼体能技能外就是嬉戏,根本无文化知识与体育技术技能相结合的教育意识。这种教育模式在一定程度上不利于学生的全面发展,尤其是健全人格方面。甚至在一些学校,由于文化课压力过重,导致体育课时被取缔,从而失去了文化基础知识的培养空间。因此,重文轻体观念导致了体育各种文化素养的缺失与薄弱。

二、加强人文素质教育

(一)加强人文素质教育对高校体育教育的影响

文化具有物质生活和精神生活的双层含义,它是推动社会发展的一把"双刃剑"。人文素质教育是对社会文化现象的综合反映,人文素质教育的实施对高校体育教育具有重要的影响作用。

1. 人文素质教育对体育教育功能具有积极影响

体育的功能主要有育人功能、健身功能、娱乐功能。但是受到教育体制的影响,除了健身功能在当今社会彰显外,其他功能还没有得到应有的重视和体现。因此,体育教育的功能在外层表现上仍然凸显强身健体方面。随着人文素质教育的介入,体育教育的菜单现将更为人文化,其中主要包括以下几方面:

第一,人格塑造,重在塑造学生健康和谐的人格。

第二,陶冶情操,对学生的善、美进行培养,提高学生的情感表达释放能力。

第三,自身品质的修养,通过对学生文化素质的教育,提高学生的文化素质,提高体育大学生在社会中的地位与形象。通过这些方面不断拓展体育教育功能的内容,从而实现人文素质教育的目标与意义。

2. 人文素质教育对受教育者健全人格具有积极影响

传统的体育教育重视学生身体素质技能的培养,新型体育教育更多强调的是人的全面发展。人文素质教育对学生的影响不同于传统体育教育,其主要表现在以下几点:

第一,提高学生文化基础知识和专业技能。

第二,提高学生使用知识和运用知识的综合能力。

第三,改变传统教育的观念,促进人文素质教育的创新性。

第四,培养学生的认知能力,激发其七情六欲的释放与控制,从而提高学生的情知品质。

第五,增进学生的爱国精神,提高其道德水准,促进学生形成良好的道德观和价值观。

总之,人文素质教育不管是在知识、能力、情感还是在世界观、人生观、价值观及道德观等各个方面都能使学生得到综合性的提高与进步。

3. 人文素质教育拓展了高校体育教学方式

教学方式是提高体育教育质量的重要手段,人文素质教育在促进体育教学方式的改革上有着重要的作用。近年来,人文素质教育在体育教育中重视与高新技术相结合,如:多媒体技术、计算机技术、远程教育等新型科学,以此来改变体育的教学方式。STS 是科学、技术、社会的英文缩写。"STS 教育的基本精神强调理科各科教学应与本学科的科学与技术的发展紧密结合,与当前的社会生产和社会生活紧密结合。"这是一种人文、社会、科学、技术相结合的新体育教育方式,通过这种教育方式不仅可以提高学生的社会适应能力,还能丰富人文科学方面的知识与技能,以此来影响高校体育教学的方式。

(二)拓展人文素质教育的培养

体育课程是高校体育教育具体实施的主要途径和手段。高校体育课程人文教育则是以大学生为核心,通过体育活动的方式,在体育人文精神的熏陶下全力促进学生身心健康发展,提高学生的体育素养和人文素质的教育实践活动。从定义中可知,高校体育课程中人文素质教育的实施离不开人的传承与发展,更离不开人文思想在高校体育课中的融合与交流,它是以以人为本的思想为主体,以社会文化现象为核心内容,最后转换为内在的精神品质,从而实现人文素质教育在高校体育课程中的实施。

人文素质教育是高校体育教育在现代社会语境下生存和发展的必然前提条件。然而,人文素质教育的实施有着多种现实困境。在一定程度上,当前重武轻文、重文轻体的体育思想以及体育多元论与体育人文认知能力的不足是导致当今体育素质教育缺失的主要因素。因此,通过拓展体育工作者自身的人文知识面、加强学生对人文知识的思维意识、设置优良的人文知识教学课程、改变传统的体育思维意识、弥补审美教育的缺失等方式将是人文素质在高校体育教育中实施的主要途径。同时,以人文素质教育为主线,适应社会发展的需要,改变高校体育课程教育观念,充分发挥"学生需要论",拓展人文素质教育的范围,引导高校体育课程走出社会是未来人文素质教育在高校体育教育中的发展趋势。

第五节 "中国梦"时代高校体育人文精神的构建与培养

从"中国梦"时代高校体育人文精神培养分析来看,"中国梦"已成为指导我国实现中华民族伟大复兴的重要理论,为我国新时期的现代化建设也指明了前进的方向。尽管现阶段"中国梦"已经提出并成为指导我国各项事业发展的重要理论基础,但是在各项事业发展的过程中,"中国梦"理论的落实却依然处于一个较为基础的阶段。大学体育作为培养我国高素质人才的重要方式,近年来被越来越多的人所关注,如何将"中国梦"理论落实到大学体育教学中,并以此为基础培养大学体育人文精神,是现阶段大学体育教学发展的一个重要方向。

一、"中国梦"时代背景下人文精神培养现状

(一)传统应试教育影响人文精神培养

在现阶段我国大学体育教学过程中,由于长期受传统应试教育的影响,教师在对学生进行大学体育教学时,依然沿袭了传统的以教师教学为中心,以传授体育技能为主要核心内容,以体育教学各项考核内容达标为主要衡量标准的一种教学模式。在这种模式下,整个体育教学课程相对单一且枯燥,加之整个大学体育课堂教学的主要内容为体育技能教学,严重影响了对于大学体育人文精神的培养。

(二)教学模式陈旧

由于受素质教育以及新课程改革的影响,我国的大学体育教学模式也发生了相应的改变。现阶段我国大学体育教学模式主要是以学生选课为主,尽管这种方式打破了传统应试教育的桎梏,但是在实际应用方面,却存在着一定的缺陷。首先是学生在进行选课前并未接受过相应的理论知识以及选课指导,导致学生对于可选科目的认知存在着一定的不足,加之受应试教育的影响,其选课也是为了应付考试,这样就极易导致学生很难通过对大学体育的学习获得实质性的帮助;其次是在实际的大学体育教学过程中,教师往往一开始就对学生进行体育技能的传授,导致学生对于体育项目很难有较为深刻的理解,久而久之,就会失去对于大学体育的学习兴趣,对于培养大学体育人文精神有着非常不利的影响。

二、体育人文精神与"中国梦"的契合

(一)大学体育人文精神与"中国梦"有机结合

现阶段,尽管"中国梦"的伟大理论构想已经融入了我国各项事业的发展过程中,但是在高校体育人文精神结合方面依然处于相对基础的一个阶段。加之学生对于"中国梦"与体育人文精神的认知不足,导致大学体育人文精神与"中国梦"并未实现有机结合。

导致大学体育人文精神与"中国梦"无法实现有机结合的因素主要包括以下几方面:首先,高校管理层对于"中国梦"的解读不足,使得其思想内涵并未得到传递;其次,过于注重体育技能教学,对于弘扬"中国梦"思想重视程度不足;最后,"中国梦"思想在大学体育人文精神中的缺失,导致学生对于当代大学体育人文精神与中国梦的认知极其匮乏,严重影响了大学体育人文精神与"中国梦"的有机结合。

(二)"中国梦"时代背景下的大学体育人文精神

要想在大学体育教育发展过程中实现大学体育人文精神与"中

国梦"的有机结合,首先应对可以实现两者融合的基础条件进行充分的认知和理解,该基础条件主要包括两方面内容:一方面为"中国梦"时代的伟大理论构想,它是指导人们前进发展的主要动力,也是对体育人文精神的一种具体展现,而体育也恰恰可以通过一种合理的形式对人文精神进行展现;另一方面就是体育的普及性较强,随着全民健身时代的到来,我国的体育事业发展被赋予了更多新的内涵,也为我国现阶段大学体育人文精神的培养指明发展方向,对于促进体育人文精神与"中国梦"的有机结合意义重大。

其次,要想真正实现体育人文精神与"中国梦"的有机结合,还应对"中国梦"思想以及大学体育人文精神有一个正确的认识。在实际的教学过程中,体育人文精神应充分发挥其重要作用,并在此基础上不断丰富当代大学生的精神生活,实现大学生的身心健康发展。不仅如此,在进行大学体育教学时,学校或者是教师应不断弘扬"中国梦"思想,并通过开展相关的活动,加深大学生对于"中国梦"的深刻理解,最终实现两者之间的有机结合。

三、"中国梦"铸就大学体育人文精神

(一)发扬大学体育教育的积极作用

要想在"中国梦"时代实现对大学体育人文精神的培养,首先应充分发挥大学体育教育的积极作用。由于在长期的高校体育教学过程中,大部分高校仅仅是对学生的体育技能进行培养,并没有对体育人文精神进行培养,因此,在进行高校体育人文精神培养过程中,可以通过在体育课堂开展较为丰富多彩的集体活动,例如篮球比赛等,不断提高学生的团队交流水平以及自身思维能力,并在此基础上培养学生的竞争意识以及团队精神,最终实现对学生人文精神的培养。

(二)培养学生良性竞争与合作意识

"中国梦"时代在培养大学体育人文精神的过程中,很重要的一

项工作就是培养学生的竞争以及合作意识,这也是构建"中国梦"人文精神的关键。竞技体育最为本质的内涵就是通过竞争合作,最终取得较为优异的成绩,这也与"中国梦"人文精神的关键因素相契合。因此,在大学体育教育过程中,教师应有意识地对学生的竞争以及合作意识进行培养,可以组织学生参加各类竞技体育活动,引导学生养成与队友合作的习惯,并在实际的团队竞技过程中,不断培养学生的拼搏意识以及竞争意识。

(三)激发学生对于体育的兴趣

要想培养学生的体育人文精神,应采取科学有效的方法激发学生对于大学体育的学习兴趣。

首先,在学生进行网上选课之前,学校应在网站上对各个体育项目的相关信息进行普及,并将整个教学流程进行简单介绍,以此为基础充分调动学生的学习兴趣。

其次,可以通过"试教学"方法,对学生进行1—2周的体育项目教学活动,降低误选体育项目对于学生的不良影响。

最后,在进行选课时,学生可以选择相同性质或者相同类型的课程,打破选课的单一性,提高学生体育学习的自由度,这对于调动学生的学习积极性以及促进学生对于体育项目的学习有着非常积极的作用。

综上所述,在"中国梦"时代的高校体育人文精神培养过程中,通过将"中国梦"思想与高校人文精神有机结合,可以充分发挥高校体育人文精神的功能,培养并不断提高学生的合作竞争意识,并以此为基础实现学生的全面发展。

第四章 基于身体素养的高校体育教育价值生态

体育教育的价值就是体育教育在与人的关系中体现出来的积极意义或有用性。每一次工业模式的重大变革总是随着科技变革与人才培养模式的转型与突破。在新媒体时代，相对于传统人才，新兴产业和新经济需要的是实践能力强、创新能力强、具备国际竞争力的高素质创新型人才。作为通识教育课程重要组成部分的体育，其教育价值生态主要包括育人结构生态和育人逻辑生态。

第一节 新媒体时代人才培养中的身体素养

一、身体素养的内涵

2019年8月，国务院办公厅颁发了《体育强国建设纲要》，将身体素养作为重要的战略目标和任务，这是在国家层面的文件中，首次明确提出提高全民身体素养的问题。由此，提升身体素养在我国成为重要的国家政策并进入实际操作的层面。美国健康与体育教育者协会于2013年修订了《K-12国家体育课程标准》，将身体素养提升为体育教育的目标、学习成果和"正当性"基础。身体素养是近年来在国际体育界流行的、具有重大影响的理念，是指"使人重视并负责地终身保持有目的的身体追求或身体活动所需要的动机、自信、运动能力、知识和理解"。可见,身体素养包容性很强。任海认为身体素养对既有的终身体育、学校体育、大众体育和高水平竞技运动等各领域均有全面而深刻的影响,推动了这些领域的改革,为体育的统合发展提供了改革的基础。身体素养是学生发展核心素养的重要部分。身体素养包括4个相互关联的要素:一是动机和信心(情感),让身体活动成为生活的组成部分,并从中获得乐趣的动机和自信;二是身体能力(身体),掌握运动技能和运动类型的能力,体验运动时间和强度变化的能力,良好的身体能力可使人们参与多种场合的、内容广泛的身体活动;三是知识与理解(认知),具有确认并表述影响运动的基本因素的能力,懂得积极生活方式的健康效益,知晓与多种场合和自然环境相匹配的身体活动的安全性;四是为生活而参与身体活动(行为),承担身体素养的个体责任,自愿定期参加身体活动,包括优先考虑并持续参与有意义的和对自己有挑战的身体活动,将其作为生活方式的组成部分。

二、身体素养与核心素养的互构

"面对越来越易变、不确定、复杂、模糊的未来世界",基于知识、态度、能力、价值观核心基础的能动性与变革能力最为关键。能动性是指设定目标、反思并负责任地行动以有效改变的能力。变革能力包括创造新价值、协调矛盾困境、承担责任这3项能力,在新媒体时代,讲好中国故事、传播好中国声音同样是一种核心素养。因而,有思想、会技术、善传播成为一种全才型能力结构。核心素养理论是在能力概念的基础上发展出来的,主要体现于管理学领域的企业核心素养,是一种组织社会学视角;还有一种是教育学视角下的核心素养理论,是一种人的发展视角。在企业核心素养视角中,普拉哈拉德和哈默认为"核心素养是组织中的积累性学识,特别是关于如何协调不同的生产技术和有机结合多种技术流派的学识"。核心素养是企业竞争优势的来源。同样的逻辑,学生作为未来职场中的人或一种人力资本,其核心优势是什么、特质是什么,这些就构成了其核心素养。西方的核心素养理论中并不强调核心素养作为竞争之源的性质,而是将其作为基于人的发展和美好生活需要的能力与品格。哲学家认为核心素养是良好生活所不可或缺的,能够在家庭、经济生活和政治领域中取得成功的能力,这些能力超越了学科知识,以"知道怎样做"而非"知道是什么"的形式出现。所以,从人的发展的角度,核心素养可以定义为满足人的发展、工作和生活,"人人都需要具备的关键少数高级行为能力,可以分为知识、技能、态度3个结构维度及其统整与融合""可以被观察、教授、习得和测量"的行为能力。知识、技能与态度三者之所以是融合的,是因为核心素养往往是在特定情境中面向特定问题展现出来的行为,而任何行为都需要三者的融合。可见,核心素养与身体素养是同构的关系。创新型人才正是适应未来世界技能需求和引领未来发展方向的人才。关于创新型人才核心素养或者质量标准的探讨有诸多结构模型,如五维结构核心素养模型:一是个人效能,包括共享愿景、理解他人、自尊、持恒力、时间管理等;二是知识能力,包括工程知识、社会科学与人文艺术等;三是学术能力,包括系统思维、学术写作等;四是技术能力,包括数据与信息处理和分析、跨学科能力、统计知识等;五是社会能力,包括工程伦理、有效沟通、团队协作、全球性思维、人际交往等。美国劳工部及相关研究认为个性能力是创新型人才培养的首要核心素养。

第二节 体育教育价值结构生态

从人才培养身体素养与核心素养的互构可以发现,创新型人才的个性能力、社会能力的培养居于重要地位。个性能力包括主动性、乐观性、终身学习能力、职业责任心与道德等;社会能力包括团队协作、领导力、动觉智力、自省智力、交往智力等。而运动是"认知之母""身体的感觉运动模式塑造了人们的思维风格"。运动模式是在不断的积极性体验中得到巩固形成的,团结的、责任的、跨界的、交互的、实践的思维风格是在运动模式中沉淀升华的。这正是"以体育人"的价值所在。"运动场的生活,是团体美感的生活。如果能够养成这种好习惯,将来无论办什么,都可以本着互助的精神发挥出去"。运动场上这些价值和精神的实现依赖学校体育的教育过程。体育教育目标主要包括运动参与、身体健康、运动技能、心理健康、社会适应等层面。其中的运动参与、心理健康价值目标包括了人才培养核心素养中的终身学习、乐观性、责任心等个性能力;社会适应价值目标则包括了人才培养核心素养中的人际交往、有效沟通、团队协作、领导力等社会能力。因而,对于学校来说,以身体活动为基础手段的体育教育是创新型人才个性能力与社会能力培养的强劲支撑,创新型人才培养不能缺少体育,这是因为德、智、体、美、劳"五育"本身是一个育人综合体与嵌合体,也是由体育课程价值所决定的。

一、学校体育教育的多元智力价值

美国多元智力专家加德纳教授认为人的智力是多元的,分为语言智力、节奏智力、数理智力、空间智力、动觉智力、自省智力、交往智力等。体育学习与运动对这些智力的发展都有正向效应,尤其是动觉智力、空间智力、自省智力、交往智力。动觉智力指运用身体来表达想法与感觉,以及运用双手生产或改造事物的能力,核心成分包括巧妙地处理(包括粗略与精致的身体动作)物体的能力,巧妙地使用不同的身体动作来运作或表达的能力,以及自身感受的、触觉的和由触觉引起的能力。交往智力指辨识与了解他人的感觉、信念与意向的能力,核心成分包括注意并区分他人的心情、性情、动机与意向,并做出适当反应的能力。自省智力是指人们构建准确的自我感知及应用这种知识规划和指导自己生活的能力,其核心成分为发展可靠的自我运作模式,以了解个人的欲求、目标、焦虑与优缺点,并借以引导自己的行为的能力。20世纪90年代萨洛维和梅耶等提出情绪智力

(emotional intelligence)概念,也称为"社会情感能力",认为情绪智力包括觉察情感的能力、使用情感来辅助思考的能力、理解情感的能力。这也是体育运动具有的一种智力价值因子。随着焦虑、抑郁和其他心理健康问题在青年学生群体中的日益普遍,社会情感学习在近年来成为全球关注的议题。美国健康与体育教育学会已开发出"健康·前进·思维"教育项目,将社会情感学习融入体育课程中,以期增强情绪管理、改善行为、减少欺凌、提高学业成绩等,实现情感幸福,培养身心健康发展的"全人儿童"。目前该项目已实现 K-12 年级标准化体育课程材料、考评资源及家校与社区合作服务,并融入学生日常生活环境中。体育教育是基于亲身在场的团队体验活动,通过身体的协调一致、相互激起或唤起参加者神经系统的高度相互关注、高度互为主体性、高度情感连带的人际互动活动。这类互动是基于团队的、亲身在场的、师生与生生合作的,因而可以唤醒身体感官的互动、情绪的互动、智力的互动、道德感的互动,随着身体参与程度的深浅变化,这类互动成为螺旋式循环,能够有效达成团队协作、沟通领导、共享情感、责任与道德等方面的个人效能与社会能力的培养。这恰是当前学校人才核心素养培养所需要的。

二、学校体育教育的主体个性价值

身体运动观认为体育教育中的知识与技能必须回归身体、回归运动才能在真正意义上被学会,这一回归过程是在动态的、灵活的实践情境中形成的,而且多是小组或团队式的,因而运动学习过程必然会有情感心理、责任态度品质的发展。这是体育教育价值实现的特殊之处,是其他以间接认识获得间接经验学习为主的静态化课程无法取代的。因此,体育教育是以身体运动为基础性媒介的、以人的整体为中心的全面发展的教育。同时,身体本身是社会化的,是以其自身为基础性媒介的不断实践而生成的场,是一个糅合了国家政治、文化思想、性别生理、社会关系影响等痕迹的流动性的场,任何事物和任何思想都源自这一基础性媒介。"身体美学更大的想法是,它比整个人更宽泛,包含了整个社会、整个环境。我们的生命总是处于一个环境之中,我们从来不能成为一个孤立的身体,我们和外界息息相关"。因而体育教育的主体个性价值包括对"活力、勇敢、敏锐与理智"等理想品格的追求,这是教育的目的,也是教育成就美好生活的要义。活力是一种健康的、精力充沛的状态;勇敢是克服阻碍与束缚的自尊、独立与合作的品质;敏锐是对他人、社会、国家的同理心与责任度;理智是在好奇心基础上的对知识的理解力和获取知识的能力。活力与勇敢是形成敏锐与理智的基础性构成要素。体育教育正是通过无处不在、无时不有的体育活动,促进人们在以上品格方面的成长,如使人拥有积极的心理,使人充满活力,促进人的社会化的建构和道德团结,对互助精神的敏锐,基于解脱外在压力的某种意义与价值的自由追求等。可以说,体育教育能够提升个体的活力,涵养个体的勇敢品质,促进个体形成自由的愉悦感、满意感,以及来自体育运动中竞争的、人际交往的、形象管理的自我成就感,促进人的身体、精神、心灵协调共生。

三、学校体育教育的开放共融价值

当前,在我国推进体育强国建设的进程中,出现了体医工(体育—医学—工程)融合的跨界联动,体育与康复技术、体育与智能装备制造、体育与大数据等在新技术革命浪潮中日益交叉融合,亟须高校体育教育加快课程开发与更新,以培养具有跨界视野的创新型人才,同时也是体育人才。体育大课程观认为,需要以"整体"的视角整合学生、社会和体育三者之间相互制衡的关系,既要突出学生的主体地位,又要探索适应社会发展和学生终身发展需要的实用性体育课程、特色体育活动及品牌体育赛事。因而,体育教育不仅限于规范必修的课堂教学与课堂互动,而且应该包括开放性课程,如早操锻炼、体育社团参与、日常体育赛事活动参与等;包括跨学科课程,如将体育课程与生命科学、社会学、经济管理科学、信息化技术等学科优势相结合,从而重构体育课程内容、质量评价与体质监测等课程建设环节,实现社会能力与个人效能这类软技能的培养;包括个性化体育课程,可依据学生所学专业的职业发展要求开设体育课程,如电力专业开展爬杆教学、测量专业开展定向运动教学等;也可以充分挖掘民族传统体育资源,创设大学体育特色课程等,从体育学科专业层面满足创新型人才培养的核心素养需求。因此,体育教育相对其他学科专业教育,在时空上更具有延展性、时代性、时尚性。体育教育与时俱进地构建着人健康美丽的身体,同时拓展着人们的身体空间、情感空间、社会生活空间,从而促进现实自我向理想自我的转变,变得更有自信、更有动力、更有创造感,实现自我完善。从社会的层面来说,体育教育本身鼓励所有人在日常生活中,不分性别、年龄或体育技能的高低都要积极投入到体育活动中来,通过项目、竞赛增进人类健康和规则意识及共同体精神,这是促进社会可持续发展的重要方面,从而实现体育教育与其他教育生态系统的融合发展。比如,当前体育产业融合发展性强,多产业链重叠,出现了"体育IP+商业资本""体育+旅游""体医结合""体育+传媒"等体育人才需求形态,这对体育产业人才提出了更高的要求,对从事IP管理、赛事运营、营销策划、艺人经纪等工作人才的需求呈上升趋势。这类人才需要熟悉相关体育赛事及产业现状,具备敏感的商业和市场意识及优秀的资源整合能力和业务推进能力,并能通过数据、产品、技术等方式,不断驱动用户提升体验,吸引用户消费,从而实现盈利。学校体育教育应探索体育交叉学科建设,加强融合培养力度,创新人才培养专业设置与课程设置,加强与行业企业的实习训练合作,以便达到培养一专多能、全面发展的复合型体育人才和体育新业态发展急需的企业经营管理人才等目标。

第三节　体育教育价值逻辑生态

一、在实践学习中实现育人价值

实践是一种动态的现场的情境学习,是一种建立在非书本基础上的学习方法,包括观察思维、运动和游戏、实验、发明创造和解决疑难等。所以,从教育学视角来看,实践是贯通理论知识与实践生产的教育方式,是实现学以致用、知行统一的重要途径。体育教育是在实践情境中得以实现的。体育中的技巧、规则、文化、精神等,往往只能通过示范学习、反复模仿和活动比赛的形式得以学会,它是一种动态的充满惊奇与愉悦的情境学习。比如,在运动项目训练时,教师所能传递的信息是解释要领及切身感受("know—what"的显性知识)和动作示范("know—how"的默会知识)两部分,但在涉及游泳和骑车等技巧时,再多的指导都无法代替学生的切身体验,尤其是特定情境下的应对。学生们要想获得运动技能并良好运用运动技能,只能依靠反复训练及身体的直觉、顿悟、判断、想象等才能实现。运动上的技能熟练度能够释放更多的认知空间,不必为下一步的决策而耗费神经系统处理信息,尤其是在长期训练及与队友磨合的过程中,大脑里已经形成了固定的思维模型,在特定的运动情境中将目标、路径和方式一气呵成,即所谓的"熟能生巧"。默会知识本质上是一种理解能力、领悟能力、判断能力、协调和平衡能力,是对碎片化的具身经验进行信息重组与整体性把握,难以通过语言、文字、公式、图表等进行表达与传递,只能在行动中展现、被察觉、被意会、被领悟。传统制度化的教育教学方式对普遍性的强调大于情境性,较难实现默会知识的转移、共享。默会知识不仅居于个体内部,而且内含在团队或共同体中,总是与特殊的问题或任务情况联系在一起,具有非演绎性、非归纳性、突发性、模糊性、意象性等特点,只能在情景中、互动中、想象中或实践中得以神会、默识。美国职业篮球联赛流行一种说法：当一位球星开始思考自己投三分球的手型时，他已经没法再投进三分球了。正如个体透过玻璃窗去看世界，"个体"与"世界"的关系实质就是"个体—窗户"与"世界"的关系，"窗户"在个体默会中被抽身而去。有经验的专家会忽略中间技术环节，将精力直接投射到问题的要害或关键。体育课程教改可以打破知识的外壳，培养学生敏锐的洞察力、丰富的想象力、顽强的意志力与强大的抗干扰处理能力，直接获取知识中有价值的内核。这就要求体育教学注重教学互动，培养学生自主参与的意识，以互动、中介、转化等张力形式将默会知识综合于运动项目中，通过运动经验的积淀与竞技规则的积累使其构建一个完整的、发展的知识观，将运动技能、技巧融入知觉的身体经验中，并内化为人的本质力量。

二、在具身体验中实现育人价值

教育是对经验持续不断的改造或重组，具身经验是身体与知识、他人、环境（世界）在交互协作下形成的个性化心得与技巧，是"我们能意谓、思考、知道和交流之一切的最初的基础"。认知是身体、环境、活动三者协同作用的产物，是在特定的情境中被身体及其活动方式塑造出来的，由此，身体的活动方式、身体的感觉和运动体验决定了我们怎样认识和看待世界。个体对外部信息的掌握是由自身与外界的互动而实现的，经验是由于任务情境刺激身体感觉系统而自动产生的即时反馈，是通过感觉器官获得的关于客观事物的现象和外部联系的认识。具身教育对外源知识的内化发挥着催化和迁移功能。体育教育可以使身体及其经验得到充分"扩展"，促进学生增强对目标、事件、项目、任务的敏感性，并通过"感知—运动"的重复循环对感知经验进行提炼、概括和巩固。教师在体育教育过程中要指导学生积累经验，通过认知体验、情感体验和行为体验增强其知识迁移和解决复杂问题的能力，并在相关理论分析基础上有意识地加工、利用、存储经验事实,通过练习简化反应时间,使有意识的行为变为自动自发的行为,让经验具有具身心理模拟、理解抽象知识的生命活力。比如,工程师在施工之前,通常会在大脑中启动一个"镜像"动作,仿佛是再现"真实场景"。体育教育价值的生成就是"镜像"生成的过程,体育动作与精神成为一种自动自为的过程。

三、在互动仪式中实现育人价值

任何知识都存在于文化实践中,参与到这种文化实践中去,是学习的一个认识论原则。而仪式是一种特殊的实践,人类学家倾向将仪式看作社会结构的一部分,具有维护秩序与文化教化功能。而社会学家倾向于认为仪式是一种相互专注的情感和关注机制,它形成了一种瞬间共有的现实,因而会形成群体团结和群体成员性符号。体育教育价值往往是通过互动仪式实现的。学校体育社团成立仪式、校运会仪式、大型赛事活动仪式、奥运会仪式,在体育元素之外,和音乐、文化、心理紧密联系在一起,和人与人之间的关注、观赏、评论联系在一起,这都是体育教育开放共融价值生成的方式。仪式最重要的特征就是"形成集会,与外界有界限、空间的物质安排,设计行动,以及引导对共同目标的关注,仪式使每个人的注意力都集中到同一件事上,并使其意识到他们正在做什么"。在这些互动仪式中,人们有密集的身体聚集,并通过符号唤起成员的身份感,形成了相互关注和情感连带。体育教育正是通过身体与智慧相交融的运动,将学生的身体视为成长中的身体,丰富其运动想象力和创造力,通过体育教育增长并完善"个体关系、情感反应、智力学习、团队行为、社会关系、情感和审美效果",进而展现出更良好的生命状态、生活能力与学习能力。体育运动与思维训练巧妙结合,通过体验、观摩和反思,内省自己的不足,拓宽想象空间,诱发创造灵感,培养沉着冷静、机智果敢、人格健全的个性品质。在良好的体育教学氛围与精神环境下,学生以高涨的情绪进行锻炼、学习和思考,使团队协作意识和拼搏创新精神不断提升。

四、在品格迁移中实现育人价值

人类最高的智慧就是认识到自己的无知,人类整体所知越多,人类个体的无知越被凸显出来。道德发端于身体之中,身体就是道德的本源。清醒地认识到自身的不足与局限性,在工作生活中常怀感恩之心、敬畏之心、荣辱之心,是立身处世的根本。著名的体育教育家马约翰认为,体育运动可以使感觉更敏锐,使心智得到发展,还可以把品格的意识迁移到社会生活中,即在体育运动中产生的优秀品质同样可以表现在社会生活中,因此体育是培养优秀公民最有效、最适当和最有趣的方法。这就是体育的品格迁移价值逻辑。体育教育过程中的知觉痕迹、回忆、语言信息、关系网络等都在大脑中加工和储存,能够使学生经由具身经验,获得默会知识,丰富实践智慧,然后迁移沉淀为一种品格素养。体育课程学习的开放性、综合性与跨学科性,使得学生处于一个相对比较复杂的已知环境中。通过实现体育课程在动作、认知、情感、态度、价值观和行为等方面的教学目标,使"狭窄于技术的"人才培养发生知识与技能的跨界和迁移,有效影响学生现在的职业准备、人生选择和事业发展。微观上,体育课程与项目的设计开发需要身心兼修,以使学生增强自制力和注意力,正确对待不良诱惑与影响,直至内心平和。中观上,体育课程与项目的设计开发需要追求健康的生活方式,以提升学生的体能、耐力,使其动作灵敏、机能健全,从而能够冷静、理智地应对市场变化、技术迭代的挑战,能适应快节奏、高智力环境下的高强度工作。宏观上,体育课程与项目的设计开发需要面向社会的健康促进,为学生提供挑战、冒险、信任、问题解决和合作的机会,以提升学生的同情心、同理心和关心他者的意识及协同解决复杂问题的能力。

第五章 高校体育从"体教结合"到"体教融合"的发展转变

第一节 "体教结合"的形成溯源

一、"体教结合"的形成背景

对于两个事物而言,它们"结合"的前提是它们原本相互分离,想要改变分离的状态,就需要采取相应的解决办法,在这之前就需要分析其分离的原因,即对当下的分离状态进行价值研究。若分离是合理的,可以考虑在两者之间建立关联性,采取"对等主体"的方式加以分析;若分离是不合理的,就需要对不合理的地方分析原因,采用解构、重组兼并等方式加以解决;若分离部分合理,部分不合理,可以采用包容开放、互补等手段。因此,对于"体教结合"的分析,首先需要从"体教分离"的背景入手,在此基础上分析"体教结合"的现状,以期构建相应的制度机制。

"体教分离"的根本原因在于专业队体制的出现和发展。考虑到当时的社会经济发展状况,为尽快提升中国在世界大赛中的竞技运动水准,运动队必须离开教育部门系统进行集中锻炼,由此产生了专业队制度。尽管专业队制度脱离了教育部门系统,以培训竞赛运动人员为主要目的,为中国竞赛运动的发展提供了巨大的成果,但这种管理体制也存在较大的局限性。

新中国成立之初,我国各项事业百废待兴,为了实现快速崛起的目标,体育竞技事业被视为优先发展行业,由此诞生了专业队体制,其发展历程可概括为以下几方面。

(一)专业队体制发展历程

1."强国梦"要求集中发展高水平竞技,专业队体制初现端倪

1952年,芬兰举办了赫尔辛基奥运会,这也是新中国首次参加的奥运会。中国队派出了40人的代表团前去参赛,但是因为航程较远,一行40人赶到赫尔辛基时,大会已进行了十几天,故而只赶上男子游泳的一项比赛和最后的闭幕式。

1952年,我国成立了专门的"中央人民政府体育运动委员会",揭开了"强国梦"的序幕。20世纪60年代,国家体委提出争取两三年内让多个体育项目接近或者超过世界先进水平,并建立青少年业余体校,组建了以田径、乒乓球、羽毛球等项目为主的国家队。

此后,地方上也建立相应的地方体委,由政府主导下的体育组织体系得以逐步确立,形成了以国家为领导,体委管理下的军队与部门共同参与的竞技体育发展格局。在"普及与提高相结合"的指导方针下,国家体委重点培养少数优秀运动员,建立"国家集训队制",各地方也建立起专门的"体育工作大队"。

最终,我国逐步形成由青少年业余运动学校和省市级、全国性常设运动队等组成的培训体系,和以全国运动会为核心的综合竞技体系,我国的竞技运动体育水平得到了切实的提升。

2. 借鉴自强之路的成功经验,专业队体制酝酿产生

20世纪60年代,计划经济体制得到全面加强,在"调整、巩固、充实、提高"的指导方针下,国民经济方面实施了计划性指导和调控措施。此时,国家体委采取高度集权型运行机型,包揽国家体育事业各方面的工作,通过统一规划、调配、布置,在部分项目形成了优势。

在这种体制下,首先受益的是登山运动,在贺龙的亲自指挥下,国家体委集中全国最优秀的教练和登山运动员,以会战方式训练,最终在1960年实现国人攀登世界第一高峰的梦想。不久,国家体育在分区集训的基础上,选调优秀的乒乓球运动员进行集训,在1961年的世乒赛上取得了举世瞩目的成绩,大大振奋了国民的自尊心和自信心。

在这之后,其他体育竞技项目效仿登峰和乒乓球的运作模式,取得了系列成果,这意味着我国竞技体育开始脱离教育而独立培养竞技人才。

3. "举国体制"初步建立,专业队体制最终形成

20世纪60年代初,我国决定利用有限的物质条件优先发展体育竞技事业,实现重点竞技项目的突破,形成了计划经济体制领导下的相对完善的竞技体育发展和管理体制,即"举国竞技体育制"。

随着青少年业余体校在全国范围内的建立,形成了从基层单位业余体校到重点业余体校、中心业余体校和专业运动队的层层衔接的业余训练。三级人才培养体系为我国竞技体育人才提供了充足的后备军,成为优秀运动员的预备队。

各级体校采用的是"一边训练一边读书"的体制,与全日制的教育制度相冲突,加上体育运动专业化趋势的进一步加强,国家体委建立了专门的体工队文化教育科(组),构建起由体育部门自办教育的模式,标志着我国体育竞技系统完全脱离文化教育系统。

(二)专业队体制带来的辉煌成就

在当时的社会经济背景下,专业队体制为我国的社会主义精神文明建设作出了巨大的贡献,具有深远的历史意义。

1. 推动中国竞技体育的迅速崛起

作为一种高效率的竞技体育体制,专业队体制的出现,适应了我

国当时的国情,极大地增强了我国当时的竞技体育实力,让我国竞技体育在国际竞技体育中有了一席之地。1956年6月7日,我国举重运动员陈镜开在上海市举行的中苏举重友谊赛上以133公斤的成绩打破了最轻级挺举世界纪录,这是新中国成立后运动员创造的第一个正式世界纪录;1957年,跳高运动员郑凤荣成为我国第一个打破世界纪录的女运动员;1959年,在民主德国多特蒙德举行的第25届世界乒乓球锦标赛中,中国21岁的乒乓球运动员容国团顽强拼搏、傲视群雄,获得男子单打世界冠军,成为中国历史上第一个世界冠军,结束了中国没有世界冠军的历史和没有竞技体育世界纪录的历史。第23届洛杉矶奥运会,我国射击运动员许海峰实现了中国运动员在奥运史上金牌"零"的突破,成为中国首位奥运金牌得主。中国的竞技体育由此进入快速发展时期。

这一时期取得的辉煌成绩与专业队体制的建立存在密切的关系。2008年北京奥运会更是让中国的新形象、新面貌随着中国竞技体育的优秀成绩一起走到"无与伦比"的顶峰,成为中国步入世界大国和体育大国的重要标志。新中国成立后竞技体育的发展不仅团结了中国人民,振奋了民族雄心,而且很好地展示了新的国家和社会主义制度,促进了中国与世界各国人民的感情交流与沟通。

2. 国际地位不断提高

1971年4月,以小球带动大球的"乒乓外交"拉开序幕。美国乒乓球代表团在参加第31届世锦赛,赛后受中方的邀请,访问中国;不久,中国乒乓球代表团受到时任美国总统尼克松的接待,一定程度上恢复和扩大了中国在国际上的交流往来。可以看出,基于当时的历史背景,"体教分离式"的专业队体制的建立,对中国竞技体育的崛起和发展起了重要的作用。

3. 鼓舞全国人民自力更生、艰苦奋斗

专业队体制的确立,为我国带来了举世瞩目的竞技体育成就,振

奋了民心,运动健将展现的顽强拼搏、自强不息的精神鼓舞着中国民众,培养了国民自力更生、艰苦奋斗的优秀品质。在长期的体育竞技训练中,我国总结出"三从一大"原则和"三不怕""五过硬"的作风,成为我国运动员克敌制胜的法宝。在体育竞技中形成的"为国争光、无私奉献、科学求实和顽强拼搏"的时代精神,推动了新中国社会主义精神文明建设,成为新时期中华民族精神的重要组成部分。

(三)专业队体制的局限性

"体教分离"下的专业队体制,为我国竞技体育事业的发展和提高我国的国际地位,起到了不可磨灭的促进作用。然而,这种专业队体制存在一定的局限性,具体表现在以下几方面。

1. 忽视了运动员全面系统的文化教育

(1)忽视了运动员的文化教育

为了更好地进行体育训练,专业运动员往往会集中在一个封闭的环境中接受严格、艰苦的专业训练,也正因如此,许多有潜力的优秀苗子才会崭露头角。但也正因专业体育训练的专业性和严谨性,使运动员们错失了文化教育的最佳时机,尽管他们在精神意志上有着比常人更好的谋生技能、体格素质、社会经验等,但与同龄人的文化教育相比却大相径庭。

(2)影响运动员退役后的生存与发展

当下社会和科技的竞争,实际上也是人才和教育的竞争。运动员作为竞技场的中坚力量,为国家取得辉煌的成就,但是由于未能接受系统的教育,退役之后的生存和发展面临困境。

(3)运动员缺少基本的道德教育环境

专业运动员体制,让运动员从小就在封闭的机制下进行训练,缺少必要的文化教育,阻碍了自身发展和文化素养的提升。竞技体育过分追求成绩、技能和物质报酬,忽视了运动员道德素养的培养,使运动员综合素质普遍不高。基本文化知识的缺失和基本道德素质较低导致个别运动员在赛场上做出一些出格的行为,比如不服从规则,出现群殴和打骂现象。调查显示,教育与运动员的运动技能存在一定的关系,接受的教育越高,越能掌握科学的训练方法,理解体育运动的真正意义,提升自身的道德素养水平。

2. 不利于中国竞技体育的可持续发展

(1)运动员人力资源的大量浪费

现代竞技运动越发激烈,对人才的体力和智力要求更高,运动项目的训练技巧讲究科学化。运动员的智力水平很大程度上取决于运动员的受教育水平。相比于没有系统接受文化教育的运动员,智力较高的运动员往往能取得更好的成绩,这是因为他们对竞技项目有着自己的独特见解,采用的训练理论和方法也更加科学。智力较高的运动员不仅能较容易理解教练的意图,而且能够采用灵活的运动技术来参加竞赛,由此可见,文化教育水平与运动员的竞技水平存在密切的关系。在我国的专业运动员体制下,竞技体育脱离教育大环境,运动员缺乏系统的文化教育,教练也没有接受系统的体育竞技培训,这种经验式高投入、低产出的人才培养机制阻碍了竞技体育的可持续发展。

(2)竞技体育后备人才日渐萎缩

社会市场经济体制下的"三级训练网"专业队制度,与时代所要求的竞技人才存在脱节现象。首先,随着社会主义市场经济体制的建立,用人制度主要由市场决定,加上运动员退役后的安置存在困难,青少年不再愿意从事体育训练,后备军资源出现断层现象。其次,青少年运动员小时候就接受专业的训练和指导,没有接受系统的文化教育,从事体育训练的风险较大,导致家长更倾向于让子女接受高等文化教育。随着竞技体育后备人才的锐减,许多体校面临关闭,制约了我国竞技体育事业的可持续发展。

(3)封闭式的训练体系阻碍竞技体育的进一步发展

我国的专业运动员体制是计划经济体制的产物,这种集中式、封闭式进行的训练和管理模式,使社会中的非体育资源无法渗透进来,制约竞技体育的可持续发展,具体表现在以下两个方面。

第一,竞技体育人才流通性低下。在专业队体制下,教练和运动员的对外交流受到限制,打击了地方开设竞技体育的积极性,竞技体育人才流通不畅使资源配置不合理,浪费严重。

第二,竞技体育规模难以扩大。在封闭式的管理模式下,竞技体育优势项目潜力枯竭,夺金能力饱和,弱势项目越来越弱,体育部门的项目设置不够合理,加上成本过高,严重影响竞技体育事业的后续发展。

二、"体教结合"的提出与形成

(一)"体教结合"的提出

研究指出,"体教分离"制度严重阻碍运动员的全面发展和中国竞技体育的可持续发展,给社会带来了一系列的不稳定因素。因此,对专业和体制的改革势在必行。

随着国家经济的发展,体育和教育事业的发展趋于稳定,"体教结合"问题受到重视,教育部门与原国家体委(现国家体育总局)密切配合,推动教育与体育的结合。

20世纪80年代,国家颁布《关于进一步发展体育的通知》,要求加快体育强国的建设,提高国民身体素质。体育训练应当从少年和儿童抓起,着重从学校体育入手。在"普及与提高"的指导思想下,国家体委提出开展学校业余训练的长期规划,在增强学生体能素养的同时,积极开展业余体育训练,为体育后备军注入新鲜"血液"。

受到"健康第一"的指导理念的影响,学校的体育活动注重体育教学与其他素质教育的结合,致力于提高学生在德智体美劳等方面的综合素养,并对此开展了如何构建在遵循教学和体育规律下的学校体育课与训练体系,拉开了"体教结合"的序幕。

(二)"体教结合"的形成

20世纪80年代末,国家体育部门和教育部门积极推动有条件的大专院校建立高水平运动队,向学校化过渡,加快"体教结合"的进程。不久,普通高等院校试办高水平运动队,在体委的指导方针下,建立起以田径和三大球为主的运动项目队。随着《全国培养高水平学生运动员试点学校申报审批暂行办法》的出台,高校和中小学校纷纷响应,取得了不错的成果。

1990年,国家教育委员会令第8号、国家体委令第11号联合发布《学校体育工作条例》,要求学校体育工作在教育行政部门的指导下由学校具体落实,标志着我国"体教结合"模式的确立。

此后,有条件的高校纷纷建立高水平运动队,中小学也开设体育特长班,"体教结合"工作进行得如火如荼,为竞技体育培养了大批优秀的后备人才,逐渐形成"体教结合"模式下的竞技后备人才培养和优秀运动员相互衔接的业余训练体系,这些推动了中国竞技体育的进一步发展。

三、"体教结合"的发展现状

(一)中小学"体教结合"的发展现状

中小学阶段,是培养竞技体育人才的关键时期,在培养竞技体育后备人才中发挥着重要的作用。"体教结合"模式,遵循了体育发展规律和教育发展规律,是以学校为基础对运动员开展的教育,旨在提高运动员的综合素养水平。此外,我国的体育教学工作明确了学生除了掌握基本的体育知识和技能之外,在锻炼身体素质和培养运动习惯的同时,还应当提高运动技术水平,以充实体育人才后备军。在长期的"体教结合"实践的基础上,我国逐渐形成了多种办学模式,培养了一大批优秀的体育竞技后备人才。

1. 在广大中小学建立体育传统项目学校、体育后备人才试点

20世纪80年代初,在教育部门和体育部门的共同努力下,将一批重点和有特长的中学打造成体育传统项目学校。这类学校在某项

或者几项运动项目上有独特的优势,在训练学生体育技能的同时,重视基础文化教育,使得体育工作成为一项面向全体学生的群众性体育活动,为我国的体育事业做出重大贡献,这也是我国竞技体育初级训练形式的体现。

现在各级体育传统学校成为培养体育人才后备军的重要力量,随着一系列体育项目试行办法的出台,体育传统学校的组织和管理制度有了较大的改善,加大了对学生文化素质提升的投入,学校的竞技体育有了较大的进步。传统体育学校在深化改革的过程中,逐渐建立起贯彻教育方针、兼顾素质教育和体育教育的专业化的体育训练体系。一些教学质量高、知名度大的体校给予了学生充分的训练资源保障,培养了许多优秀人才。

2. 体校挂靠教育部门的中小学校

将中小学业余体校或者一些有优势的运动项目挂靠在某一中小学内,实行校长责任制,结合校内现有的文化教学资源、设施条件,形成突出地方特色的课余运动训练网,再将优秀的人才经体校输送到专业队或高校,建立起由学校培养体育人才的基地模式。

这种模式充分利用体育系统具备的各种优势,比如设备、训练经验等,将其结合到各级学校当中去,提高了资源的利用,基地模式形式多样。通过教育系统和体育系统的有机结合,由教委挖掘体育人才,体委负责训练学生的体育技能,有效解决了业余训练运动员的文化素质问题。一方面,能够发挥教育资源的优势,在校内选拔优秀的人才;另一方面,也能面向全国招收有天赋的青少年入校接受文化教育。

3. 吸引社会力量办学

除了体育系统和教育系统的结合模式,学校还能吸引社会上的企业单位来获取赞助,推动学校课余运动训练的发展,为竞技体育事业提供充足的后备军。这种"体教企"模式,能够帮助学校拓宽筹集资金的渠道,得到社会的支持,推动了学校课余运动训练的社会化,从而谋求更大的突破。比较典型的是社会上的体育俱乐部与邻近的中小学建立合作关系,学校负责文化教育,俱乐部则提供资金和技术支持,二者一同参与到培养体育后备人才的管理当中,是平等互惠的关系。当俱乐部的运动员接受完义务教育后,可以选择更高的文化教育,也可以转为专业运动员,这样既发挥了学校的生源优势和场地设施,又利用了俱乐部丰富的训练经验和资金优势,是我国培养体育后备人才的重要途径之一。

"体教结合"模式取得了较大的成功,让更多的体育部门主动与教育部门联手,充分利用二者的互补优势,在校内设置体育项目,在保持传统项目的同时突出特色,形成了一套科学的训练体系,更多的学生愿意加入体育业余训练活动中来,众多中小学生为国争光,取得了优异的成绩。

(二)大学"体教结合"模式

20世纪80、90年代,由于中国运动员的文化素质普遍较低,以及运动员在退役后的社会安置问题一直未能得到妥善解决,考虑到了这一状况,国家体委提出了"体教结合"的改革理念,并实施了一系列的有效举措:首先,把现在的中国体育运动工作队院(校)化;其次,提倡由普通高校来培育高素质运动员,并努力构建起纵向的运动员培养新机制。20世纪80年代末,《关于试点高校培养高水平运动员的管理办法(试行)》的颁布,打响了高校培养高水平运动员的第一枪,由于能够得到国家体委和教委的大力扶持,各大高校纷纷响应培养高水平运动员的号召,逐渐在探索和实践的过程中建立起"学、训、研"相结合的体育人才培养模式,为国家输送了大批高水平高素质的运动员。

1. 普通高校建立高水平运动队

最普遍的形式是由高校自办运动队。在有关文件的指示下,高校招收退役运动员、国家二级以上运动员和体育特长生,让他们同其他学生一起上课,在业余时间进行训练,由学校聘任专业教练进行组织和管理,使得这些运动员在提高运动技能的同时接受文化教育的熏陶,较好地做到了"训练学习两不误",运动员的整体素质有了较大的提高。

另外,部分高校也在单个运动项目上,选择了从小学到高中再到高校的一条龙训练模式,比如清华大学田径队在清华附中成立"马约翰班",武汉理工大学篮球队在华中师范大学附属第一中学成立"武汉理工大学篮球后备人才基地",都完成了从基础到提高的一条龙培训。

此外,还有"校企结合"的体育人才培养模式,由企业提供训练技术指导和资金,学校开展运动员的训练和学习活动,一同聘任教练进行组织。比如,湖北大学的"五人制足球队",为国家带来了众多荣誉。

2. 国家运动项目中心、省市专业队挂靠普通高校

高校与国家运动项目中心、省市专业队的合作模式,指运动员仍在体育基地生活和训练,学校派教师去体育基地授课,实行学分制管理和灵活的学制制度,由此运动员既能代表省专业队比赛,又能代表学校比赛,提高学校的知名度。这种模式下的"大学生"基本上是现役运动员,比较典型的有清华大学与国家击剑队的联合,在保证现役运动员训练的同时,又能使运动员接受良好的文化教育。部分地方专业队也通过与当地高校的合作,为当地和国家培养了一批高水平、高素质的运动员。

3. 体育院校"学、训、研"三结合模式

中华人民共和国成立之初,我国采用"全面学习苏联"的发展模式,体育事业也效仿苏联采用单科制体校模式,旨在减轻中华人民共和国成立初期学校体育教师不足的压力,为新中国的竞技体育事业

培养后备人才。在采用单科制的体校中,一方面它们与地方体工队联手,推行运动员的"三化"(运动员身份学生化、管理院校化和学籍化)改革,在接受系统训练的同时进行文化教育,实行学分制;另一方面,在地方政府的统一安排下,地方体校、运动技术学院、体工队和体育科研所合并,建立"学、训、研"三结合基地,进行资源重组,目的在于培养优秀的体育后备人才。

(三)"体教结合"现状评述

1."体教结合"学校培养的竞技体育人才有限

随着综合国力的增强,体育事业的迅速发展,我国在第 26 届、第 27 届、第 28 届奥运会分别取得第三、第二和榜首的傲人成绩,中国的竞技体育事业迎来辉煌。在这期间,我国产生了大量的奥运冠军和世界冠军,且这些运动健儿大多数来自各级体育运动学校,较少出现"体教结合"学校培养的运动员,这一模式取得的成就有限。即使将世界大学运动会的参赛组织工作转移到教育部手中,夺金的重担仍然主要由国家专业队的运动员承担。经过长期的实践,"体教结合"模式取得了一些喜人的成绩,培养出一批世界水平的运动员,但与世界顶尖运动员仍有一定的差距。

2."体教结合"学校未能贯彻"全面发展"的教育方针

"体教结合"模式,要求运动员在提高竞技水平的同时提高综合素养,实现德智体美劳等素质教育的全面发展;要求在遵循体育训练规律的同时,不违背教育的客观规律,保证学生的文化教育。然而,对于体育生而言,高校更重视体育生的体育成绩,这就导致部分运动员不够注重自身文化素养的提高,不利于自身的全面发展。

从招生政策来看,对运动员要求的文化分数较低,许多高校都靠大幅降分来招收专业的运动员,一级运动员甚至是免试入学,这些实际存在的现象都使得学校、教练和运动员自己只重视运动成绩,忽视了文化学科的学习。此外,由于传统体育观念中重训练轻文化的束缚,科学化的训练手段不足,打击了运动员学习的积极性,运动员需要经历高强度、高密度的训练过程,在训练结束后难有余力接受文化学习。即便运动员顺利进入大学,但由于文化基础薄弱,在大学阶段出现跟不上教学进度的问题,运动员文化学习的自觉性无法形成。再加上学校十分看重运动荣誉,校方认为运动员在赛场上取得的好成绩可以提高学校知名度,所以过分强调运动员的运动成绩,从而忽视其文化教育和道德教育。由此可见,高校在贯彻"全面发展"的教育方针上有待加强。

3."体教结合"学校少有体育部门的支持和配合

"体教结合"模式在长期实践的过程中,表象上看体育部门与教育部门都在上传下达,但从本质上看,教育系统和体育系统在体教结合过程中,会以自身的目标、人物、管理、运作系统去培养运动员,两个系统在充分融合层面上还有着极大空间。教育部门主导下的"体教结合"模式在学生的运动训练上缺乏科学性、规模性和稳定性,具体表现在以下几方面。

①教练员的执教水平直接影响运动员的竞技水平,但多数高校聘请的教练员水平不高,缺乏系统的培训。

②高校运动员的训练缺乏科学性,尤其是在选材、训练和恢复中缺少科研团队的支持。

③多数高校的训练经费紧张,场地设施落后和匮乏。大学需要用到的经费主要还是在教育领域,这导致高校在体育投入的经费比重较少。

④小学、中学到大学的体育运动项目的设置缺乏衔接性,这导致运动员不能进行系统的训练,后备人才培养出现断层,加上行政区划的招生限制,资源得不到合理配置,导致体育人才的流失。

⑤体育部门没有给予学校应有的扶持。一方面,大多数高校都是在教育部门的指导下进行体育招生和训练,与体育部门缺乏联合机制;另一方面,学校的教练员难以得到体育部门系统的指导,大学

教练参加培训的比重较低。再加上体育部门给予的经费支持有限,学校的训练比赛开支较大,这就导致恶性循环,制约着高校竞技体育的发展。

4."体教结合"学校缺乏为国家培养体育后备人才的动力

"体教结合"模式旨在丰富校园的体育文化生活,帮助学校获取荣誉的同时,为国家和社会培养一批优质的体育竞技后备人才。当下学校体育培养运动的目标大致可从不同视角分为以下两种。

第一,从学校的角度来看,多数学校训练学生运动水平的目的都是通过大型体育竞技比赛的优胜提高学校的知名度,为学校带来经济效益,鲜少考虑为国家培养高水平竞技体育人才。

第二,从教练的视角出发,"体教结合"模式下学校的教练没有树立培养高水平运动员的长远目标,教练员的绩效与学校的升学率和大赛中的排名有关,为了追求运动成绩,甚至采用一些非正常手段,对真正具有潜力的运动员的培养不够重视。且不少教练员的职称评定考察的是教学工作和科研水平,与其训练成绩无关,这都难以调动教练员的训练和指导积极性,也严重制约了高校培养高水平运动员的发展。以上因素都导致学校缺少为国家输送高水平运动员的动力,缺乏有效的培养竞技后备人才的激励措施,打击了教练员的积极性,这也是"体教结合"难以发挥作用的重要原因。

5."体教结合"缺乏相应的配套机制

体育部门在竞技体育后备人才培养方面已经形成了较为完善的规章制度,却未能在"体教结合"模式的学校中得以落实。一方面,没有明确的法律法规为"体教结合"提供保障,缺乏一定的合法性;另一方面,在竞技后备人才培养制度中,没有明确体育部门和教育部门的职责和分工。

此外,由于缺乏相应的科学机制和激励手段,高校在培养竞技体育后备人才方面出现动力和积极性不足的情况。如何建立有效的教练员激励机制,训练经费的来源等制度应当如何完善,都是"体教结合"模式下急需解决的问题。

四、制约"体教结合"发展的根本原因

阻碍"体教结合"发展的因素主要包括:"读训"自身的矛盾;教育、体育系统的整合;教育改革,理念的转变;教练员水平参差不齐;训练经费匮乏。然而这些因素只是外在原因,并非制约"体教结合"发展的根本因素。体育系统和教育系统的并行,使得高校在培养高水平运动员的同时,还要着手教育事业,而国家体育总局的管理系统则按部就班地继续运转。诸如奥运会、全运会等大型运动会的组织和管理,都是以体育部门为主导,顶尖的运动员都是体育系统培养的,这就导致大学系统的运动员缺少独立的赛制机制,难以有效发挥"体教结合"的真正作用,存在着体制性障碍。

此外,两套体系在结合运行过程中必然会在部分环节中出现冲突,如一些高校的高水平运动员没有展示自身的机会,便跳槽到专业队的现象,反映了体育系统和教育系统的合作机制尚未有效建立。由此可见,竞技体育管理体制和教育体制"双体制"之间的矛盾与冲突阻碍了"体教结合"模式的顺利落实,是制约"体教结合"发展的根本原因。

(一)行政垄断性的竞技体育管理体制制约"体教结合"的发展

1. 我国竞技体育管理体制的内涵

体育事业在长期的发展过程中,逐渐形成了由青少年业余体校和省级、国家常设运动队构成的训练体制和以全国运动会为竞赛核心的竞技体育体制,具体内涵有以下两方面。

(1)举国体制

这种体制的目标是在奥运会、世锦赛等国际性的竞技体育赛事中获得优异的成绩,集中全国的资源优势,在国家直接领导下对竞技体育项目实行的一种管理制度。

(2)专业队体制

在国家和地方体育行政部门领导下,从中央到地方建立各级各类竞技体育专业和训练网络体系。

2. 我国竞技体育管理体制的行政垄断性

我国的竞技体育管理体制呈现行政性的特点,适应我国的社会制度和国情。行政性垄断,指借助行政权力形成的垄断能够具有强制性,带有浓厚的行政隶属色彩。

合理的行政性垄断能够借助国家行政权力适当干预市场,体现国家的宏观经济政策,有利于稳定国民经济,维护市场秩序。但是过度的行政性干预不利于发挥市场在资源配置中的决定性作用,导致资源的浪费。

我国竞技体育管理体制中的"举国体制"在当时的社会经济背景下就属于一种合理的行政垄断,集中全国力量,在中央政府的统一领导下,通过有效的行政和监督手段指导竞技体育事业。这符合当时的国情,运动健儿们为我国创造了举世瞩目的体育成就,提高了我国的国际地位,有利于激发民族的自尊心和自信心。"举国体制"的行政垄断具体表现在以下几方面。

第一,国家体育总局取代了体育各个单项协会,以协会的名义管理体育事业,成为实施的行政主体。

第二,行政权力分散,监管机制尚不明确,在学校体育人才培养中,国家承担了绝大部分经费,缺少社会力量的介入与分享。

第三,计划机制成为次要,行政成为首要,体育行为在一定范围内局限于行政延展。

第四,效益与效率缺少足够的重视,过于关注成绩,体育在其他层面的价值未得到充分挖掘和体现,如文化、健身等。

3. 我国竞技体育管理体制行政垄断制约着"体教结合"

(1)垄断赛事资源

赛事资源表现在国内外运动赛事的参加情况。运动竞赛的初衷是反映运动员某一阶段的训练成果,促进身心上的发展。在我国竞技体育管理体制下构建起的以行政区域为参赛单位的赛事体系中,运动员的参赛资格受到严格的限制,学校的高水平运动员属于"编外成员",不能以学校的名义参加国内外重要的赛事,此外,让教育系统的运动员参赛是体育部门不希望看到的,这导致学校的高水平运动员鲜有参加大型体育竞赛的机会,这种竞技体育垄断性的管理体制严重制约了体育和教育的结合。

(2)垄断高水平教练员

在体育竞技后备人才的培养中,教练员的执教水平起着关键作用。一般来说,优秀教练员的培养,需要10年左右的运动员经历,再加上10年左右的执教经历。但是这些优质的教练员被体育系统以留队任教、培养学习或者行政命令等形式垄断,教育系统中的教练员多是由体育教师任教,他们缺乏丰富的运动竞赛经验。

在这一境况下,教育部门分析国家对竞技体育的资源投入有限,难以发挥经济效益。比如,耗费巨资建成的大型体育馆的利用率较低,而大部分学校的训练场地有限,导致资源分配不均,浪费严重。加上各学校的运动训练经费不足,难以开展有效的训练教学活动,学校缺少培养竞技体育人才的动力,导致培养出的运动员水平整体不高。

(二)狭隘的教育观念制约"体教结合"

体育属于教育的下位概念,竞技体育也是教育的一部分,但是不少地方由于教育观念存在狭隘性,将竞技体育排斥在外。首先,在基础义务教育阶段,学校更重视学生的文化课,从而在一定程度上轻视了体育活动;其次,在高等教育阶段,学校为了提高知名度和声望,采用降分和免试等手段引进校外的高水平运动员,提高学校的社会影响力,从而忽视了本校运动员的培育。这些因素都制约着"体教结合"的深入发展。

1. 片面追求高考升学率

以前,升学率是教育部门评价学校办学水平的唯一指标。高考成为连接中等教育和高等教育的桥梁,承担着为高校选拔高素质人才的重要使命。在全面落实素质教育方针的大环境下,高考的重要性不言而喻,其在人才选拔上属于一种相对公平的方式。

受我国教育体制的影响,目前高考仍然是众多学子的选择,主要有以下几个原因。

(1)学校和学生自身传统观念的影响

"学而优则仕"的传统观念根深蒂固,导致多数人将高考视为"鲤鱼跃龙门"的重要途径。高校招生最直接的依据是考生的高考分数,加上社会对学历过分地看重,教育出现功利性倾向。

(2)优质高等教育资源分布不均

我国高度重视教育的发展,陆续提出"科教兴国""教育为本"等重要战略,但是由于我国各地区资源分布不均,国家的优质教育资源在供给过程中也难免会出现失衡情况,导致办学受到各种因素的限制。

(3)社会传统的影响

"学而优则仕"的传统观念导致社会高度重视高考状况,升学率成为多数家长心中为子女选择学校的重要指标,这在无形中也暗示着家长作为子女未来成长和发展中的重要指引者之一,大多家长不愿意让自己的子女接受专业的体育教育。

受多方因素影响,"体教结合"下的体育事业难以长久发展。

2. 高校"急功近利"建立高水平运动队,违背"体教结合"的初衷

随着市场经济发展深入体制,教育开始出现功利性倾向,高校建立高水平运动队的目的也是希望学生通过竞技体育赛事获得优异的成绩,从而增强学校的社会影响力并提高知名度。这就导致高校千

方百计招收有运动能力的学生甚至是专业的运动员,导致高校招生出现为了高水平运动员而哄抢生源的情况,偏离了高校培养运动员的正确轨道,违背了"体教结合"下高校建立高水平运动队的初衷,失去了应有的意义和价值。

第二节 "体教结合"发展新方向——"体教融合"

一、"体教融合"的概念

"体教融合"的内容目前虽仍在完善,但从现在的改革内容可以看出"体教融合"一些深刻的改革方向。①"让运动队回到学校""省队校办"的做法预示着未来的青少年运动训练与竞赛将逐渐回归到国民教育体系。②教育部主导的"校园足球"成为"体教融合"的"试水地"和"试验田"。③体教两部分青少年的运动竞赛开始融合,国家已经提出将青运会与学生运动会合并,这成为体教改革重要的风向标。④国家出台了加强学生运动员管理的系列举措,提出了"学校教练员"的概念与相应的强化措施,标志着"体回归教"准备工作的开始。⑤国家开始提倡建设校外青少年运动训练设施,提出了"青少年运动训练中心"的概念,虽然对设施的性质和运行机制还缺乏阐述,但概念的提出依然是机制创新的指南。

可见,"体教融合"作为国家重大体育制度改革的准备阶段,富有深意,但目前还是处在推进改革工作的阶段。

二、"体教融合"的诠释

"体教融合"需要从两个层面诠释,即"体教"与"融合"两个方面。

我国的竞技体育实行举国体制、独立管理、以为国争光为导向,而学校体育属于国民教育体系,是以提升学生体质为导向;由于竞技体育与学校体育在目标、导向、考核方面都存在差异,导致两个系统的配置有差异;"体教融合"正是要消除竞技体育、学校体育两个系统固有的机制、体制障碍,促进体育要素的流动与配置,做大青少年体育群体的基本盘,服务更多元的体育目标。因此,对"体教融合"的理解应该从"体教"与"融合"两个方面入手。

(一)对体教的理解:体教不是指体育与教育而是体育系统与教育系统

新中国成立以来,体育的概念在不断扩展,从狭义的体育即"身体教育",扩展到包含竞技体育、休闲体育、群众体育等多个方面;而对青少年来说,体育事实上就是教育的重要组成部分,两者从来就没有分开过,也谈不上体育与教育的融合。因此,"体教融合"的体教不是单指体育与教育,而是指新中国成立以来形成且发展至今的体育系统与教育系统;体育系统掌握的是群体、竞体、体育产业和体育文化等方面的资源,而教育系统掌握的是国民教育体系的资源,在青少年阶段,体育系统与教育系统有不同的侧重与分工,正是这种侧重与分工导致了两个系统之间存在部分差异,解决这种差异导致的问题,就需要两个系统把掌握的资源都拿出来,作为共同的目标,实现资源的优化配置。

(二)对融合的理解:体教不能简单结合而是要实现融合发展

简单总结来看,我国体教关系的发展先后经历了"无体教结合阶段""体教结合,体育为主""体教结合,教育发力""体教结合,走入困境"到"体教融合"等多个阶段。这里涉及两个概念即"体育结合"和"体教融合","体育结合"更多是在操作层面上的探索,是通过两个系统之间的取长补短来解决各自系统的现实问题,以改变两个系统之间各自为政、单点发力的局面。对于青少年群体,体育系统关注的是竞体成绩,教育系统关注的是体质状况,"体教结合"实现的是本系统如何利用对方系统的优势资源为本系统补短板,是"实用""拿来"的思路,解决的是现实中面临的具体问题,两者仍然按照各自的体制机制运行;"体教融合"则是将两个系统纳入统一的框架内,促进体育要素自由流动,强调的是问题解决的整体性和完整性,破除政策障碍实现"一体化设计、一体化推进",而不是局部的、阶段性问题的修补,这需要双方将各自的资源都"摆在台面",运用新的理念与思路,确定共同的目标,研究、制定相应的资源组织方式(体制与机制)。

因此,"体教融合"应该是指充分发挥体育在青少年成长中的多元功能,调动与组织体育、教育、卫生等系统中的相关资源要素,实现促进全体青少年健康发展、培养青少年体育后备人才目标的机制。

三、"体教融合"的转变

2020年国家体育总局和教育部联合印发《关于深化体教融合促进青少年健康发展意见的通知》后,"体教融合"呈现出新格局。如何理解"体教融合"的转变,根据北京民生智库体育发展研究中心主任王莺《中考季,谈谈"体教融合"的四点转变》一文,可以将"体教融合"的转变归纳为四点:"新目标""新认识""新格局"和"新原则"。

(一)新目标:促进全体青少年健康发展

一方面,我国青少年竞技体育主要是以"三级训练网"(包括国家集训队、各省、自治区直辖市专业队和各级体育运动学校、体育传统学校、业余体校)为主体进行运营与管理,这种举国体制为我国的竞技体育、奥运争光做出了重要的贡献,但也造成了系统内的青少年文化教育滞后、退役运动员无法融入社会等诸多社会问题;另一方面,在我国青少年教育中,学校体育是提升学生体质健康最有效的途径,但存在体育教育理念过时、体育课时被挤占、日常体育课程与中考体育脱节或关联度不高等一系列问题,青少年学生健康问题(如"小眼镜""小胖墩""脊柱侧弯"等)更是成为社会关注热点,此外,学校体育也未能为青少年的竞技体育培养坚实的人群基础。

因此,"体教融合"提出了新的目标,即"促进全体青少年健康发展"。该目标涵盖了运动员学生、学生运动员的文化学习和体育锻炼、训练,既为青少年学校体育、竞技体育改革指明了方向,也为我国体育事业后备人才培养提供了强有力的体制机制支撑。

(二)新认识:提出"体育素养"的理念

强身健体对每个人来说都应该是一项终身坚持的目标,而研究表明,人们对体育的认知、态度、能力、行为的形成往往集中在青少年阶段,并且会影响终身。现实情况是大部分人一离开学校,体育锻炼就会减少,其中一个很重要的原因就是大部分人没有在青少年阶段建立起对体育锻炼的兴趣与自信,一旦外部环境不再强制要求或工作生活不再需要,体育锻炼就失去了动机与动力。

因此,"体教融合"提出了新理念即"体育素养",并且强调将"体育素养"应用于考试招生当中;"体育素养"强调个体的动机、自信、态度、能力与技能、知识与理解、行为与习惯,最终实现终身体育参与;"体育素养"将文化教育与身体教育统一起来,并且将身体教育提到前所未有的高度,对"以体育人"提出了更高的标准。"体育素养"的提出与国际前沿研究实现同步,国际研究认为人的认知、心智是基于身体活动、身体结构、具体环境发展形成的,人是通过运用简单、具体的知识来投射和表达复杂、抽象的概念,而这些简单、基础的知识大部分都来自自身的体验,这种体"育"从出生时就已经发生了,而且贯穿整个人生。

(三)新格局:政府主导、部门协同、社会参与、家庭自助的格局

一方面,学校、家庭、社区场景是三合一的。学校是青少年体育学习的主阵场,但并不是青少年体育的全部,研究表明家庭尤其是父母的言传身教,还有校外(主要是社区)体育公共服务也同样发挥着重要的作用。因此,学校、家庭、社区不应该是割裂的,也不应该只强调某个场景而忽视其他场景,而应该是将三个场景联系起来,使青少

年在不同场景之间具有一致的体育价值体系和行为方式；另一方面，需要政府、社会、市场多元供给主体的参与，在"体教融合"的意见中，多处反映政府应该进行职能转变，鼓励社会、市场参与青少年体育，形成多元开放的治理体系，丰富青少年校内外的体育资源，实现资源的精准对接与服务。

因此，"体教融合"鼓励青少年体育的多元参与，鼓励形成政府主导、部门协同、社会参与、家庭自助的格局。

（四）新原则："一体化设计、一体化推进"的原则

"体教融合"意见强调"一体化设计、一体化推进"的原则，体现了新时代青少年体育整体性思维的转变，更加重视顶层设计，以问题为导向，破除阻碍体育要素优化配置"堵点"，建立支持特定体系运行的长效机制。这一新原则主要体现在四个方面：一是从年龄看，覆盖了从儿童到成年；二是从场景看，包括了校内与校外；三是从参与方看，涵盖了政府、社会、市场；四是从提升路径看，涉及兴趣化、多样化、专项化、专业化。

四、"体教融合"的意义

真正意义的"体教融合"应是"体回归教"，即青少年训练竞赛体系回归国民教育体系，同时，职业竞技体育回归体育文化产业体系，社会体育回归体育产业市场体系和公共服务体系，这是新"举国体制"的框架构成。一般认为，目前世界上主要存在三种青少年训练体系。①与中国相似的苏联体系。②以学校体育为核心的美日式体系。③以课外体育俱乐部为核心的德国体系。

竞技体育主要存在于国民教育体系的美日式体系。而中国的"体教融合"应该是从第一种体系向第二种体系的转变。

应该说，这种转变并不是很难。从世界范围看，第二种体系占多数，拥有众多成功的经验和借鉴模式，在新中国成立初期实施"体教

分离"之前的青少年训练竞赛就是存在于国民教育体系中的。"体教结合"以来的青少年学生运动训练的成果为实现青训向国民教育体系的回归奠定了基础,主要表现在以下几方面。

第一,学校内青训竞赛条件大为改善。

第二,学校教练和裁判人才有了相当的储备,不少优秀退役运动员成为各级学校的体育教师。

第三,教育系统组织和举办大型学生竞赛乃至国际比赛的能力不断提高。

第四,大学高水平运动队在招生和培养优秀运动员方面积累了一定的经验并有了一些成功的案例。

2014年开始的"校园足球"成为"体教融合"的首战。"校园足球"实际上开始了在国民教育体系内建立"足球人才培养体系"的做法,对其建立的路径和方法进行了探索,一些优秀的"校园足球"经验为新的青训体系树立了标杆。"校园足球"彰显了通过搞好大学足球队布点并创建大中小学名牌联赛,以利用名牌大学"龙头牵引"效应,建立由上而下的大、中、小学名校足球运动队梯队建设,进而建立好体育经费进入教育经费、足球教练队伍回归高校、强化学生运动员专业学习与学籍管理等措施的方法论体系。

第三节 我国"体教融合"转变方略

一、"体教结合"向"体教融合"转变的必然性

(一)"体教融合"是实现"中国梦"的要求

近些年,我国在奥运会、亚运会取得举世瞩目的成绩,国旗屡次在国际赛事上飘扬,但我国距离体育强国的目标仍有可前进的空间。由于中国竞技体育运动基础设施比较薄弱、劳动群体的健康意

识普遍比较落后、高校学生的运动素养也普遍比较低,这些都约束了中国竞技体育事业的发展。实现竞技体育的可持续发展,一方面需要获取社会力量的支持,从社会中获取发展的资源;另一方面,体育管理体制亟须改革,竞技体育管理需要走向法治化、规范化和有序化,逐渐建立起遵循教育规律和体育运动发展规律的管理运行系统。

"体教结合"模式一定程度上为我国培养竞技体育后备人才做出了较大的贡献,但是由于体育部门和教育部门未能建立深入的合作关系,加上学校的体育设施、教练员水平等因素的制约,阻碍着竞技体育事业的深入发展。这就需要构建"体教融合"人才培养模式,它在实现中华民族伟大复兴的"中国梦"方面具有重要的意义。

(二)"体教融合"是实现人的全面发展的客观要求

"体教融合"培养模式下以"体教结合"为基础,实现教育系统和体育系统的融合,注重学生运动员的文化教育,为学生运动员提供良好的文化氛围,采用灵活性的教育方式,有利于实现学生运动员的发展。

(三)"体教融合"是构建和谐社会的内在需要

构建社会主义和谐社会是推动"体教融合"的驱动力。体育活动的健身和养心功效不言而喻,一定程度上满足了个体的精神需求。在校园内开展竞技体育活动,在增强学生身体素质的同时,丰富了学生的精神文化生活,填补了学生心灵上的空缺,在帮助学生培养正确的人生观、世界观和价值观方面具有重大的教育意义。

此外,学校在长期的发展中,形成了独有的文化氛围和学习环境,潜移默化地影响学生的情操和思想道德修养,在实现学生的全面发展方面有着天然的优势。在"体教融合"的指导理念下培养新时代竞技体育后备人才,让学生运动员得以在良好的文化氛围下开展运动训练,有利于净化运动员的心灵,实现运动员的全面发展。

(四)"体教融合"是世界竞技体育强国培养后备人才的潮流趋势

为了打造体育强国,各国都采取多种措施强化国家对体育的支持和管理,但前提都是将体育竞技融入现代教育当中,培养竞技体育后备人才成为教育部门的重要使命。比如澳大利亚、韩国和法国等,都高度重视竞技体育和教育的融合,并出台了一系列的法律法规,以提供保障。现如今,世界竞技体育强国都采取"体育融合"模式培养后备人才,我国应当立足于本国国情,致力于"体育融合"建设。

二、"体教结合"向"体教融合"转变的可行性

(一)体育行政职能改革为"体教融合"打破壁垒

20世纪80年代,我国的工作重心转移到经济建设当中来,在政府职能方面,打破了计划经济体制的束缚,逐渐建立起社会主义市场经济体制,企业和社会的积极性高涨。

迎着改革开放的春风,在体育管理体制方面,体育行政部门的职能得到优化和改善,"行政垄断性"的竞技体育体制壁垒被打破,一系列的改革措施取得了显著的成就,但是随着市场经济体制的建立,竞技体育事业的发展现状和经济体制之间的矛盾日益凸显。

深化体育体制改革目标的提出,要求政府"简政放权""政体分开",体育行政部门的职能转移到以研究体育事业规划,制定以行业政策和贯彻落实体育方针为主,管理和服务职能得到加强,具体的体育竞技事项交由社会团体和事业单位组织和管理,各方开办体育事业的积极性得到加强。在北京奥运会之后,我国体育管理体制开始全面改革。

(二)"双减政策"助力"体教融合"

"双减"之后,中小学生的学业负担减轻,体育教育如何抓住机遇,实现高质量发展?聚焦学校主体、学生需求、多方联动,体育教育为"双减"落地探索出新模式。"双减"落实的同时,也在推动"双增",

即增加学生校内参加户外活动、体育锻炼、艺术活动、劳动活动的时间和机会,增加学生校外接受体育和美育方面课外培训的时间和机会。以"双减"带动"双增",充分发挥体育、美育、劳育的作用。体育运动对青少年的身体发育有着重要的影响,规律的体育运动会让人的身体重复地受到刺激,对应部位的肌肉、关节会产生"应答",从而不断地提高身体素质。四川师范大学体育学院副教授沈建峰提到,无论是自己运动还是与同伴一起运动,都会促进使用知识的能力,也会促进实践运用知识能力的发展。

20世纪80年代,美国教育学家、心理学家霍华德·加德纳将人的智力分为八个部分,分别是:语言智力、逻辑数学智力、音乐智力、空间智力、身体运动智力、人际关系智力、自然智力和内省智力。这些智力因素在体育锻炼中都能得到有效的培养。教育部实行"双减"政策后,学生的学业负担相对减轻,有更多的机会走向户外,进行体育活动,让身体各方面都得到锻炼。

(三)"全民体育""全民健身"为"体教融合"提供强劲趋势

除了"双减"政策,"体教融合"的另一背景就是我国"全民体育""全民健身"的强劲趋势。

随着国际竞争的日益激烈,竞技体育事业反映出一个国家的综合国力和体育竞技水平。青少年就是未来体育强国建设的主力军,强化青少年的体育意识,让青少年从小感受体育竞技的魅力,受到体育精神的熏陶,为国家储备体育人才。

近年来,"全民健身""全民体育"的氛围浓厚,社会各界均参与其中,不少学校也会定期开展体育运动主题活动,这为体育人才的发掘和培养提供了契机。

(四)北京奥运会为"体教融合"留下了精神遗产

奥运精神作为一种珍贵的精神文明成果和智慧结晶,从两次申奥到北京奥运会的圆满结束,在中国这片古老的土地普及了奥林匹克的精神和理想,加快了中国与世界的融合,也为东方文明的传播与交流搭起了一座新的桥梁,为中国社会留下了宝贵的精神财富。

在竞技体育领域,奥林匹克精神要求在体育和教育融合的过程中,实现人的全面发展。北京奥运会坚持以人为本的奥运理念,影响了数以亿计的中国青少年,深化了青少年对竞技体育的认知,为学校开展竞技体育活动提供重要的指导,为"体教融合"的发展奠定精神文明基础。

"体教融合"所追求的,是竞技体育运动在人全面发展方面的促进作用,要在培育竞技运动后备人才的过程中,以学生运动员为本,保证学生运动员的受教育权,实现学生的身心健康发展。

(五)"阳光体育"为"体教融合"奠定群众基础

由于信息技术的高速发展,人们足不出户也能"知晓天下事",但这也有可能导致青少年不热衷于户外运动,加上学业的压力,学生整体身体素质水平下降严重。针对这一现状,教育部、国家体育总局和共青团中央共同提出"阳光体育运动",这是坚持"健康第一"、贯彻落实素质教育的重要举措。

"阳光体育运动"是在《国家学生体质健康标准》的指导下,在全国范围内开展的中国青少年阳光体育运动,旨在帮助青少年学生走向操场、走进大自然,主动开展体育活动,培养运动爱好,从而实现增强身体素质的目标。这一活动丰富了学校的体育文化生活,为学校的体育活动注入了生机与活力,有重大的现实意义。一方面,它能够加深社会对学校开展体育工作的认识和理解,改变传统的体育观念,推动学校竞技体育的发展;另一方面,有利于普及群众性体育,挖掘有潜力的体育人才,为"体教融合"的发展奠定群众基础。

三、"体教结合"向"体教融合"转变的具体策略

(一)转变教育观念,树立大教育观

在知识经济时代下,教育和人的发展都被赋予了新的时代内涵。想要推动社会的进步和竞技体育事业的发展,就必须树立大教育观,

推动人们综合素养的提高。在教育界和体育界,我们应当转变传统理念,统一思想,认识到竞技体育实际上是教育的重要组成部分。因此,将竞技体育融合到教育当中,将学生的运动训练贯穿到教育的全过程,是学校发展竞技体育的重要职责,只有这样才能实现学生的全面发展,符合时代对人才的要求。作为培养人才的主阵地,培养体育人才是教育部和学校不可推卸的使命、责任与担当。具体做法为:首先,普及九年义务教育和提高教育质量,这是"体教融合"发展的根本所在,要求在"德、智、体、美、劳"全面发展的前提下,注重学生运动兴趣的培养,帮助学生树立运动意识;其次,高中部学校需要在遵循竞技体育发展规律的基础上,为具有体育特长的学生提供发展机会,提高学生运动员的竞技水平;最后,在大学时期,高校应当帮助具有体育特长的学生选择职业方向提供指导,以便为国家队输送高水平体育竞技人才。对于市场化程度不高的体育项目,可以让运动员在国家和社会的扶持下参加国内外赛事。最终建立起以学校为基础的各层次的竞技体育人才培养和输送渠道网络,实现竞技体育与教育的真正融合。

在"体教融合"大环境下,学校成为培养竞技体育后备人才的唯一途径,适应了时代发展的需要。此外,学校应当树立大教育观,不断更新自身的教育理念,开拓创新,为实现学生的全面发展不懈努力。

(二)转变部门职能,发挥教育部学体联的作用

政府部门简政放权,让体育行政部门工作重心转移到管理和服务建设当中来,主要包括全面健身、运动竞技、体育产业的宏观规划、指导和监督等方面,要求体育部门围绕学校的竞技体育建立起相关的发展机制,调动社会各界的力量为学校发展竞技体育提供支持。体育社团在体育活动中扮演越来越重要的角色。作为教育部直属事业单位,学生体协联合秘书处将承担起培养竞技体育后备人才的重担,具体的组织和结构流程见图5-1。

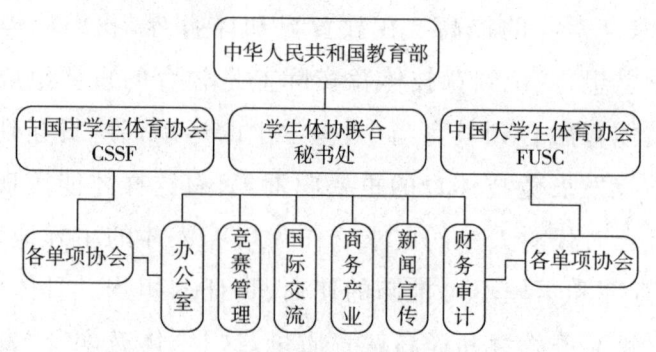

图 5-1　学生体育协会联合秘书处结构

以前由政府直接控制的学生体协各项管理权力下放到社会各个组织当中,教育部体卫艺司对学校体育教学和竞赛事项由直接领导转变为间接指导,单一的大学生体育协会会员制度向多元化发展,引入大批先进的体育设施,制定学校有关竞技体育的规章制度,充分发挥学生体协的主观能动性。①在现有机构保留的基础上,学生体协适当增加一些管理部门,比如监督和市场开发部门,保证协会组织的市场化运转,吸纳足够的社会资金来维持自身的发展。②制定相应的训练管理办法和竞赛管理办法。③指导单项学生体协的组织和管理工作,提高管理效率,明确分工、划分各部门的职责。各单项学生体协也应当建立相应的组织机构(图 5-2),以便更好地开展学校竞技体育活动。④加强学生体育赛事的招商引资,推动赛事的市场开发。

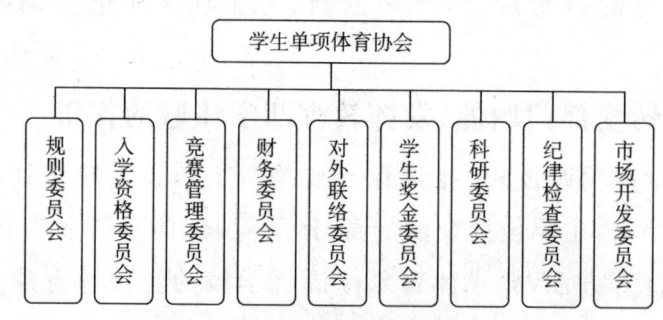

图 5-2　学生单项体育协会结构

(三)转变管理机制,构建"体教融合"运行机制

"体教融合"运行机制,指在发展竞技体育事业中,构成"体教融

合"各要素之间发挥作用的机制和原理。从社会学的角度,"体教融合"运行机制分为动力机制、激励机制、控制机制、整合机制和保障机制,其结构图如图5-3所示。

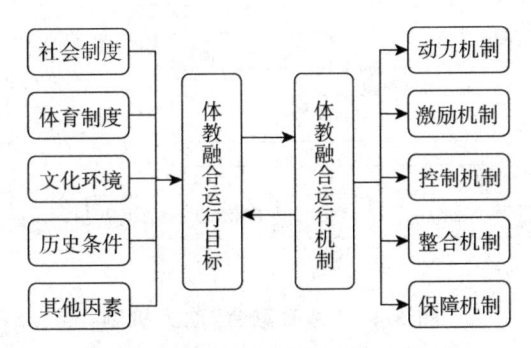

图5-3 "体教融合"运行机制结构

1. 动力机制

"对某种需求的渴望为人们的行为提供充足的动力"。"体教融合"的动力机制,根据主体三层次划分为:运动员、教练员的微观层次;学校等中观层次;国家和社会的宏观层次。各层次主体的需要都能够为"体教融合"的发展提供某种动力,他们各自的需求指向组成了一个完整的动力机制。对于学校来说,开展竞技体育赛事活动也是为了满足自身的需求,视为一种传递媒介,见图5-4。

"体教融合"动力机制与社会制度结构和意识影响存在密切的联系。首先,动力机制取决于当时的社会生产力发展水平;其次,动力机制是社会需要和个人需要相结合的产物;最后,动力机制旨在培养体育竞技后备人才,为"体教融合"提供适度的动力。

适度的动力能够推动竞技体育秩序的有序化,满足各主体的需求,调动各主体的积极性,同时将各主体的行为控制在一定的规范之中。因此,在采用"体教融合"时,要发挥协同效应。首先,政府应当向管理和服务职能转变,充分发挥宏观调控的作用,通过权力下移来调动社会和学校发展竞技体育的积极性;其次,学校作为个体需求和国家需求的传递媒介,需要协调好矛盾冲突;最后,学生运动员需要为了自身的价值追求而努力,促进自身的全面发展,调动运动训练的积极性。

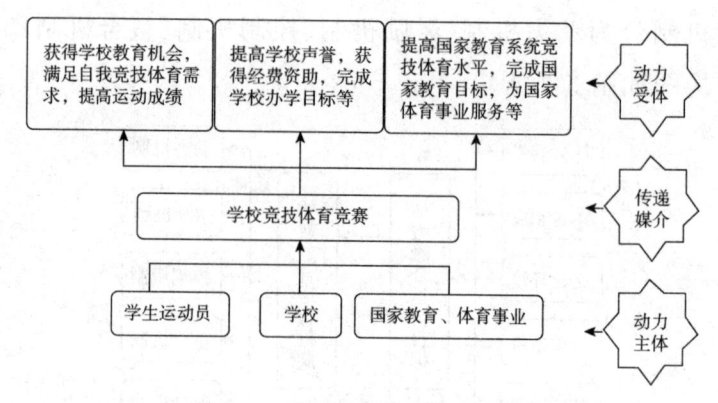

```
┌─────────────┐  ┌─────────────┐  ┌─────────────┐
│获得学校教育机会,│  │提高学校声誉,获│  │提高国家教育系统竞│
│满足自我竞技体育│  │得经费资助,完成│  │技体育水平,完成国│   动力
│需求,提高运动成绩│  │学校办学目标等  │  │家教育目标,为国家│   受体
│             │  │             │  │体育事业服务等  │
└──────▲──────┘  └──────▲──────┘  └──────▲──────┘
       │                │                │
       └────────────────┼────────────────┘
                ┌───────┴───────┐                    传递
                │学校竞技体育竞赛│                    媒介
                └───────▲───────┘
          ┌─────────────┼─────────────┐
    ┌─────┴────┐  ┌─────┴────┐  ┌─────┴──────┐     动力
    │学生运动员 │  │  学校    │  │国家教育、体育事业│   主体
    └──────────┘  └──────────┘  └────────────┘
```

图 5-4 "体教融合"动力机制

2. 激励机制

激励机制,指在组织或引导成员的行为方式和价值理念过程中采取的措施,包括激励标准、激励手段和激励过程。"体教融合"激励机制旨在使各主体的价值观念与"体教融合"的目标保持一致,激发竞技体育发展的活力。

一套健全的"体教融合"激励机制,有利于调动各主体发展竞技体育事业的积极性,构建起符合社会运行发展的行为规范和价值观念。培养竞技体育后备人才属于公共事业,基于自愿和半自愿的原则,因此,在建立激励机制的过程中,应当保证激励的全面性、公平性、灵活性,坚持正向激励和反向压力相结合的原则。学校在分析学生运动员水平时,不能仅从运动成绩分析,也需要从思想、文化等综合素质方面加以评价,激励措施要尽可能有一个良好的标准,充分调动学生运动员的主观能动性。

在激励方面,要做到"体教融合"学校的激励、以教练员为主的相关人员的激励、学生运动员的激励。物质激励和精神激励相结合,构建具有中国特色的"体教融合"激励机制,为竞技体育事业的发展注入生机。

3. 控制机制

控制机制,指为了维持社会秩序,保证社会这一系统良性地运转下去，采用各种手段，调动各种资源，使得社会的个体和群体遵守社会的规范。"体教融合"控制机制，指采用各种控制手段，帮助个体和群体遵从"体教融合"的规范，将他们的行为限制在既定的目标范围内，以维护"体教融合"的秩序，其运行原理见图5-5。

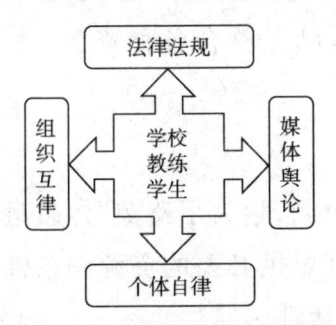

图5-5 "体教融合"控制机制运行

对运动员来说，控制机制旨在引导运动员建立科学的行为方式和价值观念；从学校的角度来说，控制机制是为了将学校的职责、权力等限定在一定的范围内，协调各学校的竞争关系；从宏观的角度看，有效的控制机制有利于协调体育系统和教育系统的关系。"体教融合"控制机制包括控制手段、对象和过程。控制手段包括法律法规、媒体和自律。学校体协应当制定相应的竞技体育规章，以规范学校、教练的培养活动，保障社会媒体对竞技体育后备人才培养过程的监督权；学校之间通过同行互律，树立起高度的责任感，充分理解培养竞技体育后备人才的重要意义；个体自律体现在激发学校等组织的动机和利他主义倾向。四种手段综合使用，构建起一个完善的"体教融合"控制机制。

4. 整合机制

"体教融合"整合机制，指在"体教融合"整合过程中，各要素相互联系和相互作用的原理，旨在协调各方的利益。"体教融合"在社会主义市场经济体制下呈现多元化特征，因此，建立与市场经济相适应的"体教融合"整合机制是有必要的。第一，坚持"以人为本"的科学发展观，整合重点以"学校培养体育竞技后备人才和全面发展的社会主义接班人"为主，构建起纵向和横向的整合体系；第二，协调各方需求,在适当的条件下转化为从事竞技体育运动的动力;第三,借助教育、宣传和社会媒体等多种方式,推动文化的整合,帮助学生运动员树立集体意识和爱国主义情怀。

建立有效的"体教融合"整合机制,适应了我国社会主义初级阶段的基本国情,在此基础上整合各种资源,致力于竞技体育事业的发展。

5. 保障机制

"体教融合"保障机制,指为了避免"体教融合"系统的畸形发展,采用各种保障手段为其提供必要的资源和条件支撑,以维护"体教融合"运行的安全性和灵活性。

"体教融合"保障的对象有竞技体育后备人才培养主体和培养制度。首先,对于运动员、教练员等相关人员的保障,要求拓宽人才流通渠道,利用有限的竞技人才资源提高资源的整合效率,逐渐建立起以国家投入、社会资源配置和学校体育产业经营为主的竞技体育发展资金保障体系;其次,科学规划学校体育设施建设和布局训练场地,借助科研团队的优势,提高竞技训练的服务水平;最后,要为运动员的营养摄入、恢复和治疗等方面提供保障。

(四)转变项目布局,与奥运战略相衔接

竞技体育发展战略应当以"奥运战略"为重心,"奥运争光计划"也是我国竞技体育的重要工作。因此,学校在竞技体育项目的布局和设置上,应当与"奥运战略"项目保持一定的衔接性。

首先,结合当地的地貌特征和气候条件,学校充分利用各种优势合理设置竞技体育项目,要求在立足自身实际情况的基础上,保障学校竞技体育的发展。如西部、北部适宜发展体能;华南部适宜发展灵巧类的小球运动项目。

其次,学校的运动项目设计,需要在我国的竞技体育发展目标的指导下进行,立足于整体。在充分发挥地域优势、学校优势的同时,学校必须把握全局,兼顾潜优势和劣势项目。在设计项目时,做到既

体现奥运会等大型竞技赛事的项目,又开展容易推广和普及的在学生中受欢迎的项目。比如,跳水、乒乓球、举重等优势项目,应当重点规划。

最后,学校的项目设置需要结合项目的自身特点,充分利用各种资源。新中国成立以来,我国体育系统就储备了大量的体育资源,在局部的发展过程中,学校应坚持包容性和开放性的原则,促进资源的合理配置,减少重复建设的现象,加强对体育设施的补充和维修。

(五)转变竞赛目的,重构"体教融合"竞赛体系

竞赛关系到竞技体育资源的配置、项目布局和竞技体育人才培养体系等多个方面。在"体教融合"模式下,应当构建科学、合理的竞赛体系,推动竞技体育事业的可持续发展。

1. 明确学校竞赛的目的

学校在组织青少年竞赛的过程中,应当明确举办赛事的目的。体育竞赛应当以反映训练成果、选拔人才和提高青少年的竞技能力为主,不能过于强调它的商业价值,需要弱化"唯金牌论"的观念。因此,学校在开展体育竞赛时,应当遵循以人为本的人本主义原则,关注青少年的全面发展。青少年的体育竞赛目标在于推广体育运动,让全民参与到身体锻炼当中来,发现和选拔竞技体育后备人才;而青年阶段的比赛则在于训练队伍,提高竞技水平和输送人才。基础、低级别的竞赛应当以培养兴趣和提高基础能力为主,避免过早的专项化。

2. 划分竞赛区域,分层次进行比赛

考虑到我国幅员辽阔,学校众多,学生基数大的实际情况,学校的资金有限,学校体协应当根据行政区域的划分(见图5-6),全国分为华北、东北、华东、中南、西南、西北、港澳台7个区域开展学校间体育竞赛,每个赛区自己组织体育竞赛。此外,还应当坚持以下原则:首先,增加比赛场次原则,分为校级、区级和国家级的比赛,为学生运动员提供更多的锻炼机会;其次,利用节假日原则,避免比赛影响文化学习;最后,坚持挖掘、选拔和输送人才的原则。

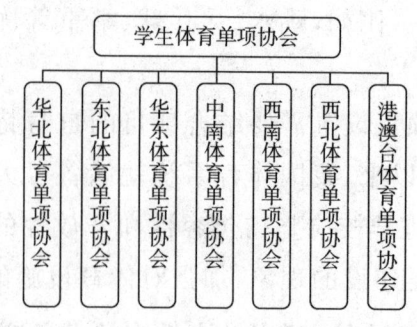

```
                    学生体育单项协会
    ┌──────┬──────┬──────┬──────┬──────┬──────┐
  华北   东北   华东   中南   西南   西北  港澳台
  体育   体育   体育   体育   体育   体育   体育
  单项   单项   单项   单项   单项   单项   单项
  协会   协会   协会   协会   协会   协会   协会
```

图 5-6　学生体育单项协会区域划分

在设计竞赛流程时,学校应当结合参赛学生运动员的特点和层次水平,构建不同层次的竞赛体系,以确保竞赛的公平公正公开,激发学生参加运动竞赛的积极性。根据学生所处的不同阶段(如田径、乒乓球、游泳、跳水、足球、篮球等项目的竞赛分为7—9岁组、10—12岁组、15—17岁组比赛;在大学,根据学术水准划分比赛,如重点大学组、普通大学组、职业院校组、体育院校组比赛),进行明确的分组,由学校体育协会负责具体的竞赛事项,形成完整的竞赛体系,见图5-7。

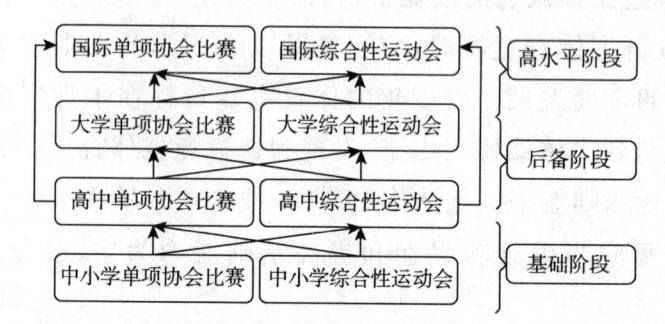

```
国际单项协会比赛 ── 国际综合性运动会 ┤ 高水平阶段
大学单项协会比赛 ── 大学综合性运动会 ┤
                                   ├ 后备阶段
高中单项协会比赛 ── 高中综合性运动会 ┤
中小学单项协会比赛 ─ 中小学综合性运动会┤ 基础阶段
```

图 5-7　"体教融合"竞赛体系

3. 加强竞赛监督

在体育竞赛中,最重要的是公平,这需要在比赛层次、运动员的参赛资格等各个方面制定可行的细则,包括建立监督体系和制定竞赛法规体系。竞赛委员会(制定和完善相应的规章)、比赛资格认定委员会(审核参赛选手的年龄和学习成绩等)和违规处罚委员会(对违反赛事规章的学校和个人进行处罚)组成竞赛监督体系,如图5-8所示。此外,竞技体育赛事应当限制学生的参赛次数等,确保学生的学习时间。

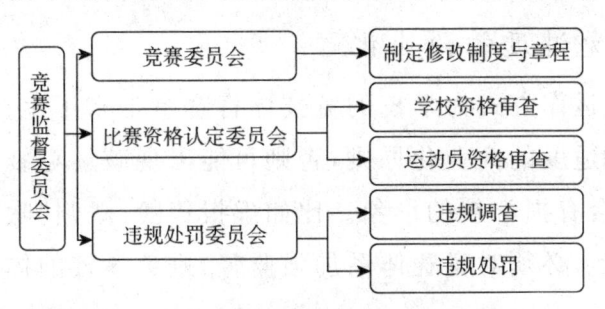

图 5-8 "体教融合"学生竞赛监督体系

(六)转变筹资渠道,加强学校竞赛市场开发

"体教结合"模式下的训练经费主要由国家财政拨款,而"体教融合"的培养模式筹资渠道丰富,可以利用学校体育竞赛市场的天然优势,筹集到更多的经费。首先,作为培养人才的重要教育机构,学校能够吸收到部分慈善机构的捐助;其次,学校举办竞技体育活动的辐射范围大,能够吸引国内外企业的投资广告;最后,学校学生的消费潜力大,是未来主要的消费群体,能够吸引企业的赞助。

随着我国学校竞技体育事业的市场化程度不断加深,学校的体育竞赛活动能够拉到一笔可观的赞助,各级学校体育协会充分发挥市场的主体作用,通过开展竞赛等相关活动获取社会各界的资金和技术支持。

1. 打造学生赛事品牌,提高学生赛事的知名度

赛事品牌反映赛事的质量和市场价值,属于一种无形的竞争资本。体育协会在赛事市场竞争的过程中,应当采取"品牌定位和运营"等策略,打造出属于自身的赛事品牌,以获取良好的经济和社会效益。除了致力于提高赛事质量,还应当加强与新闻媒体等机构的合作,在本地区乃至更大的范围为赛事造势,提高知名度。

2. 多途径开发市场

各级体育协会可以成立相应的市场研发部,一同制定竞赛市场的营销策略,比如采用获取社会企业的赞助、赛事冠名、销售门票等

各种方式,增加赛事的影响力,拓宽赛事产品的销售渠道。

3. 避免过度的商业化

市场化运作方式为学校的竞技体育赛事带来了生机和活力,但是需要坚持适度的商业化原则,否则可能出现破坏竞技体育赛事规则的现象,会有损学校的形象。比如虚报年龄、裁判"吹黑哨""打假球"等。因此,必须对竞赛体系加强监督,避免学校的体育竞技过度商业化。

4. 强化企业商业回报

以学校体育竞赛为载体,展示赞助企业形象,宣传企业品牌,通过广告、宣传等各种途径回报企业,比如邀请企业领导参加开幕式、闭幕式、发布会、为运动员颁发奖章等。这样,一来达到了宣传企业的目的,企业的投资得到了回报;二来能够进一步建立学校和企业的友好合作关系。

5. 正确处理竞赛市场化和运动训练的关系

对于学校的竞技体育活动来说,在进行市场化运作的同时,需要把握好与学生运动员训练之间的关系:一方面,学校竞技体育赛事应当致力于提高赛事的服务和质量,使得赛事工作发挥应有的社会效益和社会价值,这是首先需要考虑的。另一方面,在安排竞赛时,时间和场次都需要合理,应当以学生运动员的身心健康为出发点,保证学生运动员的文化教育,坚决杜绝将学生视为实现商业利益工具的现象。

第六章 体育教师人文素质对学生的影响及培养路径

当前我国大学生普遍存在着人文精神缺失的情况,因此在平时的体育教育中要将学生的人文精神培养放在突出的位置。而在学生体育人文素质培养的过程中,体育教师自身的人文素质状况也在很大程度上影响着学生人文素质的培养效果,因此加强对体育教师人文素质的培养也是尤为必要的。本章主要就体育教师人文素质对学生的影响及培养路径展开研究,主要内容包括体育教师人文素质对学生的影响、体育教师人文素质培养的重要性、体育教师人文知识水平与人文精神现状分析以及体育教师人文素质的培养路径。

第一节 体育教师人文素质对学生的影响

在现代社会发展的背景下,人才扮演着越来越重要的角色。为培养大量高素质人才,我国教育部门做出了实行素质教育的战略规划。这一战略规划是对未来教育改革与发展的准确把握,同时对体育教师自身素质提出了较高的要求。当前,我国大部分学校的体育师资力量存在一定的问题,如体育教师专业单一、文化层次不高、综合素质低下等,这对于培养高素质人才提出了考验。在素质教育改革与发展的背景下,不断加强对体育教师素质的培养是非常重要的,因为学生综合素质的发展离不开体育教师的培育,教师的人文素质关系到学生的切身发展。因此,要想在体育教学中提高学生的人文素质,就要加强对体育教师人文素质的培养。

一、体育教师专业能力对学生的影响

在体育教学过程中,体育教师的专业能力也是其自身人文素质的重要方面。体育教师的教学特点和教学技能如果能融合在一起,形成鲜明的个人风格,学生就会深受启发和影响,自觉投入到学习之中,从而形成一种良好的学习氛围,这对于促进学校体育教学质量的提高具有重要的意义。在这种良好的学习氛围中,学生能产生学习体育的兴趣,体育学习情感也会不断增强,这在很大程度上得益于体育教师的贡献。

二、体育教师个性素质对学生的影响

个性在人的发展中起着非常重要的作用,它是学生建立人生观的图标和模式。个性对学生的发展产生着至关重要的影响。一个良好的个性特点能促使学生产生较强的体育兴趣,能培养和激发学生积极参与体育锻炼的动机,进而养成终身体育锻炼的意识和习惯,这也是体育教育的终极目标。而在学校体育教学中,体育教师的个性特点也会对学生人文素质的培养产生重要的影响。

在竞技体育运动中,一般来说,优秀的运动员都具有十分强烈的个性,如马拉多纳、乔丹等,他们能取得如此大的成就,与其鲜明独特的个性是分不开的,在学校体育教学中,对于体育教师而言也是如此。在体育教学中,教师会遇到不同个性特点的学生,必须要因势利导,针对不同个性的学生施以有针对性的策略,这样才能取得理想的教学效果。

三、体育教师思想政治素质对学生的影响

思想政治素质也是体育教师人文素质的重要组成部分,思想素

质教育能塑造体育教师良好的思想品格,在日常体育教育中,学生能从中深受启发,充分认识到体育教育的重大意义和价值,能体验到体育的乐趣,从而形成主动参与体育活动并从中追求快乐的思想意识。除此之外,体育教师思想政治素质对学生的影响还体现在帮助学生树立自觉遵守法律法规的意识等方面。总之,思想政治素质是体育教师人文素质的重要内容,同时是学生所必须具备的重要的人文素质,培养体育教师的思想政治素质能够对学生产生重要的影响。

第二节 体育教师人文素质培养的重要性

在素质教育背景下,体育教师必须具备良好的人文素质,这在一定程度上是由其崇高的职责所决定的。在体育教学过程中,体育教师的人文素质会通过教学态度、敬业精神和奉献精神等方面直接或间接地体现出来,这都会潜移默化地影响学生的世界观、价值观、人生观及道德观的形成。如果体育教师缺乏一定的人文素质,就难以用自己真诚、热情、高尚的一面去很好地教育学生,而且在教学方法的选用和设计上也会缺乏创造性,机械、枯燥地讲授内容和传递信息,学生的需要无法得到有效的满足。倘若体育教师可以将人文素质的教育渗透到体育专业学科的教育中,就会使体育教育内容变得更加丰富多彩,这些内容也会对学生产生较强的吸引力,有利于提高学生的体育知识基础水平,培养学生健康的身心状态、优秀的思维品质和科学的道德观念,使学生拥有正确的人生追求。可见,在体育教师教书育人的过程中,其自身良好的人文素质是"教好书""育好人"的基本保证。因此,高校必须采取有效措施对体育教师的人文素质进行培养,不断提升体育教师的人文素质水平,使其能够在教学中有机渗透人文精神教育,从而培养出人文素质高、能满足社会现代化发展需求的优秀体育人才。

下面从三个方面来具体分析体育教师人文素质培养的重要性。

一、人文素质是体育教师素质结构的重要组成部分

在构建和谐社会和强调"以人为本"教育理念的今天,人们为了缓解压力、调节情绪、提高生活质量而参与体育锻炼。现代心理学研究发现,虽然人这一有机主体具有高度的自主意识,但在纵横交错的复杂社会关系网下,人的发展方向、速度、层次及水平都由其所处的环境所决定。人文素质的最高形态是人文精神,主要表现为人的"三观"、审美情趣及人格特征等。从这个意义上而言,体育教育是一个新的特殊环境,该环境的主要负责人就是体育教师,在学生人文精神的形成与培育中,教师起着主导作用。

因此,体育教师必须具有完善的人文素质才能具备成为一名优秀体育教师的条件。

(一)人文素质有助于体育教师个性的形成

一个人比较稳定而有本质特征的个体倾向性和个体心理特征的总和就是所谓的个性。个体倾向性是个体人文素质形成的基本因素,具体包括动机、兴趣、信念、理想等因素。个体心理特征是个体人文素质的直接外部表现形式,其核心要素是性格,是个体对现实的稳定态度和习惯化了的行为方式。体育教师应具有良好的个性,这是其对人际关系进行正确处理,对教育事业负责,满足学生学习需要的基础条件。因此说,在体育教师个性的形成中,人文素质是一个非常重要的条件。

(二)人文素质有助于体育教师人际亲和力的形成

人际亲和力是人际关系的一种积极心理状态,又被称为"人际吸引",人际亲和力有助于使个体的人际需要得到满足,有很多因素如外貌亲和、互补亲和、临近亲和、相似亲和、熟悉亲和等都会对人际亲和力产生影响。但这些影响因素都是来自外在的亲和,是人际亲和的开始,必须有良好的人文素质才能保证这些人际亲和的发展。教

师职业的本质决定了人文素质是体育教师人际亲和力形成的必备条件。

(三)人文素质有助于体育教师教学风格的形成

体育教师在教学上是否成熟,主要看其是否形成了自己的教学风格。体育教师必须要有自己的教学风格,这是其成为一名优秀教师的基本条件。教师的教学风格是其个性特征在教学上的反映。体育教师的教学风格存在个体差异,因为不同的体育教师在学识、兴趣、修养、特长等方面都有自己的个性化特点。一个人的情感、价值观等个性品质都能从其人文素质中体现出来,人文素质对体育教师的兴趣格调、特长形成等都具有一定的导向性。人生目标正确、价值取向符合时代发展要求、情感体验丰富的体育教师往往拥有广泛而高雅的兴趣。体育教师不仅要在体育学科上有专业的教学技能,还要培养对其他学科知识的兴趣,从其他学科中汲取营养。这样,体育教师就会在体育教学中追求情感陶冶和精神感染,在内容组织和方法实施上追求一定的艺术效果。但也要注意艺术辩证法,主次分明,详略得当,在教学语言上重点渲染,突出语言的形象性和感染力。在此基础上,体育教师情感型的教学风格就会逐渐形成。

二、人文素质是体育教师专业发展的重要条件

教师应该是专业化高度发展的人,应该热爱自己的本职工作,在所教学科上有深刻的理论认识和丰富的实践经验。体育教师的专业化发展主要表现在体育教师的专业意识不断提升、专业知识越来越丰富以及专业技能越来越强,在这个过程中,体育教师的教师观、职业观以及学生观也在不断更新和完善。体育教师,只有充分发挥自主性才能获得专业化发展,而决定其自主性发挥的主要因素是人文素质。体育教师的人文素质体现了其对自身价值的追求和对社会及他人的态度。体育教师如果具有良好的人文素质,那么其面对取得的成绩和荣誉并不会骄傲自满,而会去追求更长远的发展与更深远

的价值,并不断探索如何实现生命的意义。可以说,人文素质为体育教师的专业化发展提供了非常重要的动力。

三、人文素质有助于体育教师树立榜样作用

人文素质完善的体育教师一般都具有良好的学识、修养,会对社会做出重要的贡献,学生和其他教师往往会格外关注这样的教师,并将其当作效仿的榜样。体育教师必须具备高尚的爱国主义情感和社会主义道德品质,要对深厚博大的中国文化有深刻的认识,不断将民族文化智慧吸收到教学中。体育教师要开阔视野,要对当代文化生活予以关心,将人类优秀文化的营养吸收并内化为自己的文化品质。人文素质良好的教师往往性格开朗,积极乐观,感情充沛,才华横溢。青少年学生涉世未深,求知若渴,他们羡慕有学识、有修养的教师,并将其当作自己学习的榜样和立志要超越的对象。

有良好人文素质的体育教师懂得如何活跃课堂氛围,他们的风趣幽默能够营造出趣味横生、轻松活泼的课堂教学气氛,在这样的环境中,学生不会死气沉沉,而是会积极主动地学习。学生在学习与生活中遇到困难时,教师乐观积极的生活态度会给他们带来启示,学生受到教师的激励后不会消沉,他们会勇敢克服困难,努力追求自己的目标,希望能够变得像教师一样优秀。正因为体育教师能够给学生带来这样重要的影响,所以现代体育教育对体育教师的思想品质、道德人格及专业素质提出了较高的要求。体育教师的个人修养水平主要从其思想品质、道德人格上体现出来,体育教师的专业学识水平和教学能力主要体现在其专业素质上。体育教师需要对体育学科的理论知识、专业技能不断进行深入研究,从而不断提高自身的专业素质。而且体育教师要形成良好的人文素质,还需具备良好的思想品质和道德人格,人文素质好、专业素质高的体育教师更能充分发挥体育人文教育的育人功能。

第三节　体育教师人文知识水平与人文精神现状分析

一、体育教师的人文知识水平现状

(一)文学知识缺乏

部分体育教师对文学作品尤其是那些饱含民族感情、民族气韵，凝聚着历史感和使命感的经典名著不感兴趣。随着社会竞争压力的增加，许多体育教师为了调节身心，会选择读那些包含调侃、幽默、搞笑等娱乐内容的书，特别是一些网络小说，其中一些调侃、浅显，甚至有些颓废、荒谬的语言对体育教师造成了不好的影响。而且对于体育专业学科的书籍，体育教师也很少去潜心研究与阅读，他们对本学科的未来发展表现得比较淡漠。

中外优秀文学作品中有很多生动活泼的语言，体育教师多阅读这些书籍，从中汲取营养和有价值的内容，有利于自身语言修养的提高。体育教师不仅要阅读科学读物，优化自己的知识结构，拓展自己的视野，使自己洞悉事物的能力得到提高，同时要阅读一些文学读物，锻炼自己的语言能力。体育教师应在理解和汲取文学名著知识的基础上将这些知识营养内化为自己的认知，形成独特的感悟，进而在体育教学中展现出来，谈古论今，广征博引，吸引学生的学习兴趣。

(二)历史知识掌握较少

调查发现，体育教师掌握的历史知识比较少。历史文化是我们的精神家园，对历史知识的学习与掌握有助于促进民族凝聚力、意志力及创造力的增强。体育教师优良品德、高尚情操及健全人格的形成离不开中国几千年历史文化的熏陶感染，多学习历史知识有助于促进体育教师人文素质的提升。

(三)艺术知识较为薄弱

体育教师对艺术知识的掌握也不乐观。体育教师应该具有和谐、高尚及优雅的审美品位,这样的体育教师更容易受学生崇敬,成为学生效仿的楷模和向往的目标。体育教师良好的审美品位不仅是自身素养和人格魅力的一个组成部分,也是一种氛围、力量和磁场,体育教师的言谈举止、仪表风范及其如何呈现教学内容、选用教学手段、设计教学程序等都受自身审美品位的影响。只有审美品位高的教师才能在教学中做到"以美激情,以美激趣,以美育德,以美立人",才能发现每个学生的"美",关注每个学生的特长与个性发展,同时对学生的审美意识与能力进行培养,使学生学会审视与创造和谐之美。体育教学应该是具有美感的教育过程,具有一定审美品位的教师能够滋养每个学生的内在情感。

(四)哲学、法律知识不够完备

体育教师同时也缺乏必要的哲学知识和法律知识。大多数教师认为哲学、法律和体育专业学科没有瓜葛,没必要去学习哲学知识和法律知识。事实上,体育教育是培养"全面发展的人"的教育,体育教师自身必须储备一些哲学知识和法律知识,才能通过体育教育培养出遵纪守法、自觉规范与约束自身言行的学生。

总之,体育教师除体育学科外,对其他学科知识如文学、历史、艺术、法律等的掌握情况都不容乐观,人文知识严重匮乏,具体原因表现在以下几方面。

第一,体育教师对运动技能和运动专项水平更为重视,会主动学习这方面的知识,而对人文知识的重要性没有足够的认识,从而导致知识结构单一,文化素质水平较低。

第二,在市场经济环境下,一些体育教师表现出较强的功利性,对实用性知识给予高度关注,注重提升自己的计算机、外语等方面的能力,相比之下,不重视传统文化,不热衷学习人文知识。

第三,高校很多体育专业如运动训练专业、体育教育专业、民族传统体育专业等开设的课程以技术性课程、技艺性课程为主,教学目标也以技术层次的目标为主,对运动成绩和结果看得比较重,现有课程中人文知识的含量非常少。

二、体育教师的人文精神现状

徐德刚在《市场经济条件下高校体育教师人文素质调查研究》一文中对部分高校体育教师的人文精神进行了调查分析,下面主要分析该文中的调查结果,从而基本了解体育教师的人文精神现状。

(一)体育教师人文精神基本信息

关于体育教师人文精神基本信息的调查结果见表 6-1～表 6-9。

表 6-1　体育教师对"是否应该提高教师人文素质"的看法($n=290$)

看法或态度	比例
是	93.8%
说不清	5.5%
不是	0.7%

调查的 290 名体育教师中,认为应着力提高教师人文素质的占 93.8%,表示说不清和持否定态度的分别只有 5.5% 和 0.7%。可见这些体育教师中有很大一部分对人文素质的认识比较到位,他们赞同对教师人文素质的培养。

表 6-2　体育教师对"提高教师人文素质是素质教育的重要前提"的看法($n=290$)

看法或态度	比例
是	85.9%
说不清	13.1%
不是	1.0%

85.9% 的体育教师同意"提高教师的人文素质是素质教育的重要前

提"这一说法,表示说不清或持否定态度的分别只有13.1%和1.0%,可见体育教师对人文素质教育在素质教育中的重要性有较为正确的认识。

表6-3 体育教师对"人文社会科学的作用比不上自然科学"的看法($n=290$)

看法或态度	比例
是	14.5%
说不清	35.2%
不是	50.3%

对于"人文社会科学的作用比不上自然科学"这一说法表示赞同的体育教师有14.5%,说不清的教师有35.2%,持否定态度的教师占一半以上,达50.3%。在市场经济条件下,技术的核心作用受到高度重视,而人本原则被忽视,二者形成明显的反差。我国高等教育长期以来都以科学教育为主,人文社会学科只不过是技术学科的一种点缀,人文教育基本被科技教育取代。

表6-4 体育教师是否经常阅读人文类书刊($n=290$)

看法或态度	比例
经常	40.3%
偶尔	56.2%
很少	3.5%

经常阅读人文类书刊的体育教师占40.3%,偶尔阅读的教师有56.2%,很少阅读的教师有3.5%。总体上偶尔阅读和很少阅读的教师比例较大。

表6-5 体育教师是否经常参观人文类展览($n=290$)

看法或态度	比例
经常	16.2%
偶尔	56.9%

续表

看法或态度	比例
很少	26.9%

经常参观人文类展览的体育教师有16.2%,偶尔参观的体育教师有56.9%,很少参观人文类展览的体育教师有26.9%。没有兴趣是大部分体育教师不参观人文类展览的主要原因。

表6-6 体育教师是否经常收听、收看人文类节目($n=290$)

看法或态度	比例
经常	41.7%
偶尔	49.3%
很少	9.0%

经常收听、收看人文类节目的体育教师有41.7%,偶尔收听、收看人文类节目的体育教师有49.3%,还有9.0%很少收听、收看人文类节目。高校体育专业的课程中技术性、技艺性课程占主导,人文教育严重缺失,这是高校体育教师对人文类书刊、节目等不感兴趣的主要原因。

表6-7 体育教师是否经常为学生提供人文方面的帮助和指导($n=290$)

看法或态度	比例
经常	31.0%
偶尔	55.5%
很少	13.5%

调查数据显示,经常为学生提供人文方面的帮助和指导的体育教师有31.0%,偶尔提供帮助和指导的体育教师有55.5%,还有13.5%的体育教师很少给学生提供人文方面的帮助和指导。在体育教育中,体育教师偏重于对技能的传授和指导,以传授纯体育科学知识为主,没有意识到在体育科学知识教育中人文社会科学知识的渗

透,没有充分挖掘与整合体育知识中的人文因素,导致这两类知识相互孤立,没有实现有效的补充与有机的融合。

表 6-8 体育教师是否满意校园人文环境建设($n=290$)

看法或态度	比例
满意	21.4%
不关心	54.8%
不满意	23.8%

调查发现,满意校园人文环境建设的体育教师有 21.4%,对校园人文环境建设不关心的教师多达 54.8%,不满意校园人文环境建设的教师有 23.8%。

表 6-9 体育教师是否参加过人文选修课的学习($n=290$)

看法或态度	比例
参加过	45.2%
说不清	22.1%
没有	32.7%

调查结果显示,参加过人文选修课学习的体育教师有 45.2%,对此说不清的教师有 22.1%,而没有参加过的教师有 32.7%。

在体育教师的个人成长中,人文素质的缺失是一个很大的阻碍因素,体育教师如果没有一定的人文素质,就很难真正成长。体育教师的个人发展、教学质量等都受其自身综合文化素养的直接影响。只有具有丰厚的文化底蕴,体育教师才能在体育教学活动中承担起历史重任,完成育人使命。深厚的文化底蕴和高尚的人文精神是一名优秀体育教师的必备素质,那些从教书匠成长为能师、经师甚至名师的体育教师必然拥有良好的人文素质。

(二)体育教师的理想与信念不够坚定

关于体育教师理想与信念的调查结果见表 6-10、表 6-11。

表 6-10　体育教师对"学习知识的首要目的"的看法($n=290$)

学习知识的首要目的	比例
求取功利	9.0%
挣钱	9.0%
实用	44.8%
实现理想	37.2%

表 6-10 显示,认为学习知识以求取功利、挣钱为首要目的的体育教师各占 9.0%,认为实用才是学习知识的首要目的的教师占 44.8%,而认为学习知识是为了实现理想的教师有 37.2%。当前,大多数人无论做什么事都追求经济利益,功利倾向在社会生活和工作中都表现得非常明显,所以在教育中也以实用性学科为主,人文学科课程开设较少。部分体育教师将"追求功利、淡于修养、实用第一"作为自己选择知识的价值标准。他们重视培养学生的就业能力,而将培养学生的责任意识、陶冶学生的情操忽视了,从而导致学生缺乏人文精神。

表 6-11　体育教师是否关注本专业长远前景($n=290$)

看法或态度	比例
关注	78.6%
无所谓	19.7%
不关注	1.7%

关注本专业长远前景的体育教师有 78.6%,持无所谓态度的教师有 19.7%,对此不关注的教师有 1.7%。可见大部分体育教师非常关心体育学科的发展及前沿领域,也能对此进行深入研究。但依然有一些教师对教师职业的崇高职责没有明确的认知,对人生的价值和意义缺乏正确的认识,在工作上敷衍了事,甚至在本职工作时间搞"第二职业",从而对教学质量和效果造成了严重的影响。这是体育教师功利化价值取向的反映,可见其对教师职业没有坚定的理想和信念。

(三)体育教师的人格与道德水准有待提高

关于体育教师人格与道德状况的调查结果见表 6-12～表 6-18。

表 6-12　体育教师遇到困难时是否总能通过集体的帮助来解决($n=290$)

看法或态度	比例
是	25.5%
说不清	59.3%
不是	15.2%

遇到困难时是否总能通过集体的帮助来解决困难的体育教师有 25.5%,对此表示说不清的教师有 59.3%,不通过寻求集体的帮助来解决问题的教师有 15.2%,这说明很多体育教师对自我与他人生存和发展的相互依赖关系不够关注。

表 6-13　体育教师对命题"个人利益不满足时,为社会奉献是美妙的谎言"的看法($n=290$)

看法或态度	比例
是	31.4%
说不清或无所谓	36.9%
不是	31.7%

"个人利益没有得到满足时,为社会奉献是美妙的谎言",关于这一问题的调查结果显示,31.4%的教师认为是,36.9%的教师表示说不清或无所谓,持否定意见的教师有 31.7%。这表明部分体育教师缺乏高尚的人文精神,人生价值发生了一些扭曲,价值观念个人化,功利倾向明显,道德水准较低。这都是因为现行教育忽视了人文素质的培育。

表 6-14　体育教师是否遵守《交通安全法》($n=290$)

看法或态度	比例
是	34.8%

续表

看法或态度	比例
基本是	63.5%
不是	1.7%

表6-14调查数据显示,严格遵守《交通安全法》的体育教师有34.8%,基本遵守的教师有63.5%,不遵守的教师仅有1.7%。可见体育教师的法律意识还是比较强的。

表6-15 体育教师在教学中是否关注对学生人文素质的培养($n=290$)

看法或态度	比例
是	38.6%
偶尔	60.4%
不是	1.0%

在体育教学中非常关注培养学生人文素质的体育教师有38.6%,偶尔关注的体育教师有60.4%,不关注的教师有1.0%。一些体育教师在教学中责任心较差,不注重与学生的交流,对学生态度冷淡,不注重其全面发展。虽然这样的教师是少数,但只要存在,就是非常严重的问题,这种状况会阻碍高等教育的发展,所以不能因为主流是好的就忽视少数不良问题。

表6-16 体育教师是否赞成市场经济条件下的扶贫助残活动($n=290$)

看法或态度	比例
是	83.5%
无所谓	15.5%
不是	1.0%

对于市场经济条件下的扶贫助残活动,表示赞成的体育教师有83.5%,表示无所谓的教师有15.5%,不赞成的教师只有1.0%。

表 6-17　体育教师是否具有较强的敬业精神（$n=290$）

看法或态度	比例
是	36.6%
一般	58.6%
不是	4.8%

36.6%的体育教师认为自己有较强的敬业精神，58.6%的体育教师认为自己的敬业精神一般，4.8%的体育教师认为自己没有较强的敬业精神。

表 6-18　体育教师在感情上是否接受银行储蓄征税（$n=290$）

看法或态度	比例
是	24.2%
无所谓	37.9%
不是	37.9%

对于银行储蓄征税，在感情上表示接受的体育教师有24.2%，表示无所谓的体育教师有37.9%，表示不接受的体育教师有37.9%。

体育教师人文素质的核心是人文精神，人文精神的内涵会随着历史的发展而不断变化、更新与完善。体育教师的言行举止会影响学生，在大学生价值观念的形成过程中，教师的人文素质具有导向作用。高等院校的体育教育是对大学生进行人文素质教育的重要途径，在市场经济条件下，人们不仅要崇尚科学和理性，还要对人性回归给予高度重视，对培养创新精神、创造能力给予特别关注，而且还要关心个人价值的实现。这就对高校体育教师的道德情操、价值观念提出了更高的要求。高校体育教师只有拥有良好的人文素质，与其他教师团结起来，最大限度地将群体优势发挥出来，才能推动高校体育教育及人文教育的发展。

第四节　体育教师人文素质的培养路径

一、确立现代教育观念

教育真正的巨大力量存在于教育的本质及人文精神中。在教育的发展过程中,之所以形成了不同的教育价值观、知识价值观,主要是因为对教育的本质有不同的认识,进而造成了教育成果的不同。人类都应该具备基本的人文精神,体育教师也不例外。除了人文精神外,体育教师还必须树立与教师职业和教育事业密切相关的人文关怀理念,因为教育的本质力量和本源属性主要体现在人文精神上。教育以人性发展的可能性为起点,以对人全面和谐发展的关怀为核心,从而让人成为一个"真正有价值的人"。对人全面和谐发展的关怀也是教育的最高目标。体育教师要树立教育价值观、师生观、教学观、课程观等各种教育观念。体育教师的教育观念应以人文精神为核心,这就要求体育教师在教学中贯彻以人为本,关注每个学生的生命、需要、价值及其全面发展,强调人文关怀和理性精神。这个总的要求具体从以下几方面体现出来。

(一)师生观

在师生观上,努力建立民主、平等、和谐的新型师生关系,将主体与主导的关系妥善处理好,为学生的健康成长和全面发展创造良好的条件。

(二)课程观

在课程观上,从整体视角树立课程观,将学科本位主义彻底放弃,对分科教学的相对性有清晰的认识。

(三)教学观

在教学观上,培养学生时,对于知识、技能与人格理想的培养要给予同等的重视,但也不要一味追求整齐划一。

(四)教师观

在教师观上,思想、语言及行动要保持一致,为人师表,以德育人,发挥良好的示范作用。

(五)学生观

在学生观上,尊重学生的差异性,激发学生的主动性,注重学生发展的全面性与持续性,让学生做自己成长道路上的主导者。

(六)人才观

在人才观上,人才观念不能狭隘、单一,要重视培养多样化人才、复合型人才。

总之,在新时代背景下,体育教师必须树立科学的现代教育观念,并将这些观念与思想落实到教学实践中。

二、领导给予重视

培养与提升体育教师的人文素质是一项非常艰巨且具有长远效益的任务,各级领导对此一定要高度重视,要在体育教师思想政治工作的总体规划中纳入教师人文素质培养教育工作,针对体育教师的实际情况制定人文素质培养教育的有效措施。在推进体育教师人文精神构建的进程中,学校领导起着非常关键的作用,具体表现为以下两个方面。

第一,学校领导自觉架构自己的人文世界,走在前面,站在高处,从而激励体育教师对人文素质的提升。

第二,学校领导给予体育教师和其他学科教师同样的人文关怀。领导是学校权威和精神的集中代言人,他们自身对人文素质的关注与重视本身就是一种潜在力量和信号,一定程度上也是学校行为倾向的体现。

学校领导应该从宽广的视角对体育教师的人文素质进行审视,

在办学理念与办学思想中融入人文素质的元素,然后在教学实践中积极贯彻与落实包含人文素质元素的办学理念。学校领导对于自己的管理行为也要不断努力改造和优化,通过自己的管理来提升体育教师的人文素质。营造宽松和谐的高素质成长环境也是学校领导应该承担的主要职责,体育教师在这样的环境下更容易成为高素质的优秀教师。

体育教师提高自身人文素质的渠道有很多,其中从体育教学实践中获得经验是一个必不可少的渠道。学校要不断更新教育观念,完善管理模式,使体育教师深切感受来自学校的人文关怀和精神依托,从而更好地开展教学工作,在教学中不断积累经验,提升自己的人文素质。体育教师的成长及人文素质的提升都需要具备一定的时空条件和客观条件,这些条件是由学校提供的,学校还要给体育教师提供一定的自由决定权,教师在体育教学内容编制、体育教育措施制定、体育教学效果评价等方面可以行使相应的权利。只有拥有自主权的体育教师才会在日常工作中更积极主动地提升自己的人文素质。

三、健全相关制度

培养与提升体育教师的人文素质,除了要靠教育,还要靠科学、健全及完善的管理制度。只有教育,没有制度,体育教师的人文素质就很难提高。

现在,我国不断深入改革事业单位的人事制度,包括职务岗位设置制度、职务聘任制度、职务晋升制度、职务考核制度等。学校也在不断完善这些制度,从而提升教师职业的专业化水平,对自身人文世界进行架构。

无论是聘用还是解聘专业工作者,或者是专业工作者的晋级,都要严格执行相应的专业评审制度,从整体上制定行为的工作标准和实施程序是行业群体应有的权利。而依据自身专业知识进行职业判断是行业个体成员的权利,每个成员都有个体承担责任的"处方权"。在各个行业科学制定具体的标准和要求,并严格落实,是各个行业专业化发展的需要。

针对体育教师制定各项标准与要求时,不要过多干涉体育教师的信仰、价值观和自主权,制定的各项制度既要符合社会历史条件,又要将教师个体的利益和价值追求反映与凸显出来;不仅要用标准来规范与约束教师的言行,也要鼓励教师在创造性的实践中超越标准。在这个意义上,体育教师职业专业化标准的实施过程正是不断提高体育教师人文素质的过程,是科学化和人文化相互补充、相辅相成的过程。

制度创新是实现高等教育管理体制创新,提高体育教师人文素质的基础保障。学校应加强学术型管理,对新型管理模式如"专家治校""教授治校"等加以构建与完善。只有这样,广大体育教师的自由与活力才能被激发出来,对体育教师人文素质的培养也才能具备更充足的条件。只有自由探索,才有科学创造,只有教学的自由,才能养成选择、责任、自主、应变、决策的能力,才能养成德行。

无论是引进、选拔和培养高素质人才,还是使用与奖励人才,都要采取相应的科学制度,同时要对现行的人事制度加以改革,不断健全与完善现行制度。通过制度的调整与改革,将广大体育教师的积极主动性和创造性充分调动起来,并对体育教师的人文精神进行广泛弘扬。

总之,加强对体育教师管理制度的建立健全,有利于对其敬业精神和奉献精神进行激励,并使其将这种精神延续下去,鼓励学生,感染学生,教育学生,形成良性循环机制。

四、积淀丰富的人文素质

体育教师的人文素质水平主要从其对人文知识的积累量、对人文知识的理解能力、向人文精神转化的程度及其"三观"塑造上体现出来。作为体育人文素质的核心内容,人文精神的形成建立在积累了一定量的人文知识、对人文知识有较好的理解,且成功内化为精神品质的基础上,只有形成良好的人文精神,体育教师的"三观"塑造及人文行为方式的形成才会更加顺利。这就要求体育教师在掌握人文知识后,通过体育教学活动中的参与、观察和反思,对自身与周边环境形成新的认识,获得新的感受。体育教师掌握一定的人文知识后,还要通过领会、感受及参悟等形式形成一定的情意态度与价值观念体系,这样的价值观念体系更稳定、更有个性,而且更有利于发挥其对行为的指导作用。体育教师在教学活动及日常学习过程中,通过传授知识与技能、学习掌握知识、环境熏陶等方式将人文知识内化为自身的气质、人格与修养,形成独特且具有相对稳定性的内在品格。体育教师在对人文知识的价值内涵进行领会与参悟的过程中,会逐渐实现人文知识向人文精神的转化。

下面主要从两方面来探讨体育教师人文素质的积淀。

(一)树立人文精神风范

体育教师的人文精神体现在很多方面,如主体精神、求是精神、奉献精神、创新精神等。体育教师只有具备这些人文精神,才能更好地教书育人,发挥自己的价值,为祖国培养栋梁之材。学校在宣传人文精神方面要不断加大力度,营造浓郁的人文精神氛围,使高尚的人文精神在教师群体中形成正确的舆论导向。学识渊博、热心教育事业、具有高尚人文精神的教师不管是在教书育人方面,还是在科学研究中,都能体现出崇高的精神,这为学校人文教育的开展提供了丰富而生动的材料。高校应将这些优秀教师的优势充分利用起来,大范围传播优秀教师的高尚人品、作风,在体育师资队伍建设中发挥其"传帮带"的作用。高校应举办不同学科、专业的老中青教师恳谈会,为新老教师之间的交流提供平台。老教师不仅应将科学的学术思想传授给年轻教师,还要对中青年教师进行人文精神教育,从而提升中青年教师的人文素质,为提高人才培养质量提供基础保障。

(二)提升人格魅力

体育教师言谈举止、风度气质上展现出来的人格魅力也是文化素养的重要组成部分。阅历丰富、学识渊博、情趣高雅的优秀教师能够凭借自身的人格魅力给学生带来深远的影响,形体健美、乐观豁达、尊重并信任学生的体育教师,其人格魅力对学生的影响是无形的,也是持久的,学生乐于与这样的体育教师交往,这样的体育教师也会被学生视为学习的榜样和效仿的楷模。在大学生个体人文世界的构建中,体育教师的人格魅力折射出的审美情感、社会文化价值观等都是非常重要的参照。因此,要提升体育教师的人文素质,并使体育教师在体育人文教育中为学生树立榜样,潜移默化地影响学生的内在,就要不断提升体育教师的人格魅力。

五、消除市场经济给体育教师带来的负面影响

(一)加强社会公德教育

我国历来重视道德教育,但长期以来,我国道德教育的开展情况都不容乐观,德育工作在学校不被重视。再加上我国现行的德育教育过分强调道德认知而忽视道德实践,也就是只注重灌输道德准则,却不重视从实践层面培养学生的品德,导致道德认知与道德行为严重脱节。开展道德教育工作,首先要落实社会公德教育,要在不同学科的专业教育中渗透这方面的道德教育。

"爱国守法、明礼诚信、团结友善、勤俭自强、敬业奉献"是我国公民的基本道德规范,也是对教师的基本道德要求。应在教师中大力倡导这些道德精神,大力弘扬社会公德、职业道德,使教师严格要求自己遵守道德规范,自觉约束自己的行为,并给学生树立良好的道德模范。

(二)加强义利观教育

在社会发展过程中,不能只讲利不讲义,否则人会变得唯利是

图、自私自利,社会也将处于混乱状态,不可能得到发展。同时不能只讲义不讲利,否则义就没有依托,社会也失去了赖以发展的物质基础。因此,树立正确的义利观,正确处理义和利的关系非常重要。在体育教师人文素质的培养中,也要重视社会主义义利观教育,引导其将义和利统一起来,妥善处理二者的关系。

具体来说,对体育教师进行义利观教育,就是要教育其在自己正当利益得到满足、自身人生价值得到实现时,对国家利益和人民利益也要能够自觉维护,严格克制自己对不正当利益的追求,以义制利。同时要教育教师不做损人利己的事,将追求个人利益的行为转化为对社会主义建设有利的义利互济行为,通过个人努力追求正当利益,同时为国家和人民创造利益。

(三)加强心理健康教育

在体育教师人文素质的培养中也要加强心理健康教育,培养体育教师良好的心理素质,使体育教师尽快适应新的教育形势和充满激烈竞争的市场环境。针对体育教师的心理健康教育可以从以下几方面展开。

①鼓励体育教师参加继续教育,引导其将市场经济下个人利益与集体利益的关系弄清楚,树立正确的人生观与价值观,对社会、自我树立正确而全面的认知,将理想纳入符合现实的科学轨道上。

②为体育教师提供心理咨询服务,帮助解决其在生活、工作中遇到的心理问题,引导其克服心理障碍,摆脱不良心理困扰,消除心理隐患,治疗心理疾病,提高心理健康水平。

③为体育教师提供发展咨询、成长咨询服务,促进其健康心理与健康人格的发展与完善,使其能够更好地适应社会,为社会服务。

六、加强校园文化建设,营造良好的人文氛围

校园人文环境是一种特定的精神环境和文化氛围,需要由师生共同创建。通过各种健康的文化活动而营造的文化氛围能够对人的

心理产生积极影响,在一定层次上对全体师生的思想观念产生正确的引导,并规范其行为。因此,创设良好的校园人文环境也是培养体育教师人文素质的一个重要途径。

"场"在物理学中是一个常见的重要概念,如磁场、电场、重力场等,这些"场"的强度和能量都非常大。"场"是物质相互作用的结果,物质间不需要相互接触就能够通过"场"的作用传递力和能量,这就是"场"的奥妙之处。我们也可以将校园人文环境看作是一种具有巨大能量的"场",它的能量主要体现在向心力和凝聚力上,也就是"场力",将这些能量传递下去,可以激励人积极进取、努力拼搏。"校园人文场"将自身的"力"和"能量"施加给校园人文环境中的所有成员,从而产生无形的和潜在的影响力与制约力。同时,校园人文环境下的所有成员又都会影响"校园人文场"的总能量的传递。总之,在同一个教育时空的"校园人文场"中,每个成员的思想与行为、知识与技能、道德与情感等都是相互影响、相互激励、相互渗透以及相互交融的。校园人文环境的教育力量直击人的心灵,对于人文素质教育最终目的的实现具有一定的促进作用。良好的校园人文环境能够潜移默化地培养体育教师的情感、品德及意志,促进其在心灵与精神上的升华,这主要是通过潜意识心理机制实现的。下面具体分析校园文化建设的几个路径。

(一)提供设施优良的活动场所

首先,学校要结合自身的实际情况为体育教师提供艺术教室、棋牌室、排练场、展览厅等设施优良的活动场所。

其次,学校可成立读书社,开设读书专栏,鼓励全校师生积极参与,实现教学相长。

再次,学校可举办人文社科讲座,邀请知名学者、专家来校演讲,从而丰富体育教师的文化知识。

最后,学校可专门针对学校教职工举办朗诵会、书画展览、音乐会等活动,鼓励体育教师参与。

(二)加强校园环境建设,增设人文景点

校园内应有集古典风格与新时代精神于一身的建筑,独特的建筑风格及其蕴含的深刻思想内涵能够潜移默化地影响学校师生,陶冶师生情操,还能促进学校吸引力、凝聚力的增强。对于在校园内乱写乱画,随地扔废弃物的不文明行为,学校要严厉制止,发动师生对建筑物上的污迹及时进行清洗,保持整洁,维护校园的庄重。

能够给人带来美好感受与熏陶的校园环境往往是优雅舒适的环境,这样的校园环境有层次、有格调、有品位,能够将学校的精神风貌充分展现出来。体育教师在高尚的、儒雅的校园人文环境的熏陶下,人文素质乃至综合素质必将得到有效的提升,这反过来又有助于进一步优化校园人文环境,从而形成一种良性循环,促进体育教师与校园文化的共同发展。

(三)树立良好的校风

要营造有助于提升体育教师人文素质的校园文化氛围,需要树立良好的校风。在良好校风的感染下,体育教师能够做到严谨治学,与学生建立民主、和谐、宽容的师生关系,而且更加乐于奉献,并不断追求创新。

(四)营造良好的学习氛围

学校汇集了大量的科学知识,置身其中的教师应能随时随地学习知识。为此,要积极创造良好的学习氛围,这种氛围应该体现在学校的各种场所中,如教室、图书馆、餐厅、宿舍等。例如,在教室或图书馆挂上一些科学家的画像,张贴一些格言警句,将具有高品位、高格调的人文类、社科类图书或杂志摆放在图书馆、阅览室中。虽然有的学校体育部门设立了自己的图书阅览室,但基本都是体育书籍、体育学刊和体育杂志,其他学科资料很少,这不利于对体育教师人文素质的培养。应增设人文类、社科类书籍与杂志,为体育教师学习知识提供良好的条件。

总之，体育教师人文素质的提高既需要其自身的不懈努力，也需要良好环境氛围的熏陶。学校的内在精神和行为风范在很大程度上影响着体育教师的思想和行为，而这又是从校园文化中折射出来的，所以要努力营造浓厚的校园人文氛围。

第七章 新时代体育教育的生活化推进

习近平总书记强调:"体育既是国家强盛应有之义,也是人民健康幸福生活的重要组成部分。"随着我国进入新发展阶段,人们充分意识到健康管理与健康促进的重要性,居家锻炼与社区健身成为一种时尚。生活体育联结着人们的衣食住行,联结着由健康、快乐和积极进取的态度构成的美好生活,联结着全民健康、经济增加力、社会凝聚力和文化传播力。《2020年大众健身行为与消费研究报告》数据表明,家庭运动场景正在形成,37%的健身与锻炼者选择在宿舍或家里锻炼;《全民健身计划(2021—2025年)》等诸多政策行动日益推动体育与全民生活普遍联系,体育融入生活日益成为健康中国建设的新常态。事实上,体育本身是通过身体活动完成的生活教育,体育与生存教育、生活教育、生命教育的融合是大众体育参与的一种自我启蒙。"体育行为融入人们的生活世界而形成体育生活习惯及其过程",即是生活体育的本质内涵。因而,建构生活体育文化是遏制人们体力活动不足导致慢性病流行的不良风气和满足人民群众美好生活的需要,也是全民走向主动健康的必选之策。

第一节 生活体育理念的内涵及价值表征

体育融入生活理念最早源于对西方现代工业技术革命降低人们身体活动的时间与空间的焦虑,源于现代生活方式与节奏所带来的体质下降和诸多"文明病"。20世纪60年代,保罗·朗格朗提出了终身体育概念,在时间维度上突出了体育在人们生活中的重要价值。我国"生活体育"内涵在新中国成立初期被称为"新体育",意味着"将体育普及到千百万劳动人民中去",主要是从体育运动参与的大众化、民生化视角来看待的。进入20世纪90年代,我国体育在竞技体育之外,提倡让体育作为人们的一种健康生活方式,让闲暇成为一种积极创造状态,游戏精神被认为"生活体育"的核心。《"健康中国2030"规划纲要》提出"推动全民健身的生活化",体育更多地和身体、生活、生命联结起来。可见,生活体育已成为促进人们更健康、更有力量、更具尊严地享受生活和创新生活的方式。

一、生活体育聚焦体育与生活的融合

从文化的角度来看,生活体育是一种以全面提高人的生命质量和生活质量为目标的体育文化,它和休闲体育、群众体育、全民健身体育紧密联系在一起。

首先,全民健身和健康中国的理念是生活体育文化意蕴展现的重要逻辑。习近平总书记强调:"全民健身是全体人民增强体魄、健康生活的基础和保障,人民身体健康是全面建成小康社会的重要内涵,是每一个人成长和实现幸福生活的重要基础。"因为,人类身心的抵抗力和免疫力是应对疾病风险的重要法宝,"好的身体是国家的社会资本"。在人们主动的健身意识与健康追求中,当前的生活体育在既有的多样性、包容性、互动性基础上,充分展现出开放性、跨界性和联动性,体育参与延展到人们的各个社会生活领域而成为一种日常实践,体现出"大体育文化观",如体医工(体育—医学—工程)融合、体教融合、体商结合、互联网+体育等层面的跨界联动,健康中国战略和全民健身计划在多元体育运动场景得到有效实施。

其次,生活体育是一种休闲文化,是个体在业余闲暇时间中主体性价值生成的过程。信息社会的快速发展和物质财富的极大丰富没有使人类的健康、幸福指数成正比增长;相反,更多新的"病症"成正比增长,这与人们的生活方式是相关的。电脑的全能性、竞争的激烈性、网络的全球性、"私家车"化的生活等都使人类过分依赖工具以节省体力。运动减少的结果就是身体调适能力下降,自然免疫力降低,心理耐受能力变差,抑郁、自闭、焦虑、孤独、退缩等心理问题日益增多。这是现代文明的负效应。生活体育是抵抗这一负效应的重要途径,是人体健康存量增加的重要投资方式,是人力资本要素的根本。它使人类以更加强健的体魄和更加坚强的意志来应对人类由于现代生活过于优越而造成的身体孱弱和精神萎靡之"病",增进人类在越来越复杂、尖端的技术力量与日益激烈的竞争态势中的适应力。而且,休闲体育亚文化群体在以体育活动为媒介的开放式互动中,逐渐形成明确的行为规范模式和共同一致的群体意识,他们的文化观、价值观、人生观在与整个国家和社会的核心价值观体系,以及其他各种社会思潮与时尚文化的交流碰撞中产生新的文化价值观念。休闲体育中形成的社会性群体正是在交流、适应、模仿乃至对立的方式中实现对社会文化大规则和资源的汲取和融合,并塑造和确立自身积极健康的文化理念,这有助于克服试图破坏社会系统稳定的各种文化思潮,所孕育的新价值理念和生活方式也丰富甚至重构了社会文化体系,增进了社会共同体的团结和谐,从而对社会文化结构做出了贡献。生活体育正是通过无处不在、无时不有的体育活动涵养人们的品格,使人拥有积极的心理、敏锐的互助精神并且充满活力,促进人的社会化和道德团结。因而,可以说生活体育通过人们日常体育行为习惯的形成,促进体育锻炼与体力活动的生活化,以休闲文化的价值形态成就人的理想品格。

二、生活体育提升人类共同体精神

生活体育理念最本质的价值是一种人本价值。从人的发展来说,生活体育更为关注健康身体与健全人格、物质生活与精神生活的完美结合,是新时代美好生活需要的重要组成部分。其一,生活体育体现为一种活力的、团结的、审美的、自我实现的价值。在自动化与视频化相叠加的时代,人们的屏幕前学习与办公时间增多、体力活动空间缩小,这相应挤压了人们的社交与运动空间,从而带来久坐不动的亚健康、慢性疾病,乃至人际关系淡漠等问题。因为,"身体比整个人更宽泛,它包含了整个社会和整个环境。我们的生命总是处于一个环境之中,我们从来不能成为一个孤立的身体,我们和外界息息相关"。生活体育将身体运动置于和"外界息息相关"中,从而实现身体的认知转向、身体的觉醒、身体的启蒙,还有身体的道德。其二,生活体育体现为一种"公平""正义"。生活体育鼓励和支持所有人在日常生活中,不分性别、年龄或体育技能的高低,积极投入适合自己的体育活动中来,促进身心健康和人际信任,这具有公平、正义内涵。社区体育、共享体育等健身活动均承载着"公平"性、"正义"性。生活体育增进人类健康和规则意识,提升群体融合与社会信任度,这是促进社会可持续发展的重要方面,也体现出社会发展的公平与正义内涵。

三、生活体育促进经济社会发展

经济的快速发展为体育休闲和体育消费提供了可能,科学技术的迅猛发展为生活体育提供了技术支持,教育理念的改革与创新培育了青少年和社会大众的健身观念。同样,生活体育反映了社会变迁、社会关系、社会心理等状态,促进了社会变革和社会进步。生活体育与社会发展之间具有共进价值耦合关系。

从城市建设的角度来看,生活体育是绿色城市建设的价值旨归。生活体育将体育融入家庭生活、社区生活和社会生活,重组了城市化建设加快带来的空间区隔、身份区隔、文化区隔的分异及人际交流的局限,促进了个体、家庭、邻里和社会生活的和谐发展,成为城市建设中重要的健康基因和活力元素。

从产业发展的角度来看,生活体育使体育消费得到释放,线上体育健身产业得到快速发展。体育场馆资源实现智能化运作;体育产业深入融合文化、健康、旅游等领域,形成文体康旅一体化融合发展趋势;"线上+线下"的一体化体育消费模式凸显,形成智慧型体育产业发展新业态,推动人们体育生活方式的个性化和多元化。

从人才培养的角度来看,学生作为最具发展性的群体,是生活体育的支持者与参与群体。学校在提供可持续发展的体育活动平台与个性化体育服务体系时,将体育运动嵌入学生宿舍、课堂、校园公共空间,融合在学生的社会实践、专业实习、志愿服务等方方面面,在知识储备中走向文化认同,在规则意识中走向集体认同,在个体发展中走向自我认同,让学生体会与感悟生活体育与美好生活的价值关系,从而实现德、智、体、美、劳全面发展。

第二节 新时代生活体育的实践

欧洲最早提倡"所有人的体育运动"理念;韩国提出了"生活体育"概念,成立了全国性生活体育协会,并持续完善生活体育振兴政策体系;美国提出"生活化健身"理念,让体育深入日常生活;我国提出了"全民健身"理念与计划,党的十九届五中全会将"全民健身运动"概念调整为"全民健身活动",将健身活动形式扩展为包括舞蹈、野营、步行等在内的日常身体活动;国际体育类协会则提倡"身体素养"理念,认为身体素养中的情感(动机、信心)、身体(身体能力)、认知(知识与理解)、行为(身体活动参与)4个要素间相互关联、密不可分,与读书、计算能力同等重要。在新发展阶段,"体育让生活更美好"的理念更加深入人心,生活体育实践更加多元,生活体育保障更加坚实。

一、日常生活中的体育要素得到增强

"在现代社会的每一天,每个人都在大致相同的时间做大致相同的事。但每个人的的确确是自己在单独做自己的事。"列斐伏尔认为

这种同质性的、重复性的被节奏化是当今人们日常生活异化的核心表征,生产异质性空间与复归身体节奏是抵御日常生活异化的重要方式。身体是日常生活异化的承担者也是突破者。目前,远程办公、云会议、在线学习、在线比赛、网购等进一步普及,身体活动成为打破节奏化生活的主要方式。街头、广场、绿道、居家等空间的体育要素增加了,健康意识与身体素养的认知更加生活化了。比如,体育消费逐渐成为人们日常生活消费的重要组成部分,2021年大众健身消费水平相比2020年增长35%;全民健身的社区化、居家化趋势更加明显,人们对"社区全民健身中心""小区内的露天花园""社区/街道的露天广场""马路边"等锻炼运动场景的选择比例相比2020年大幅提升;体育基础设施建设全面加强,全面打造"15分钟健身圈"成为各大城市的共识;智能化健身与身体活动水平数据化监测日益流行,线上线下相融合的"互联网+健身"模式日益主流化;体育主题购物中心、运动社交型商业街、数字化运动娱乐馆等新型体育产业形式涌现;体质监测与健身指导走向融合,体育与医疗走向深度融合等。

二、体育参与更为具身化

体育运动是以人的身体为基础性媒介的一种运动,身体是意义的提供主体,是分析体育运动的第一原理,具有"身心一体"的"具身化"价值内涵。因为,人们的认知形成于身体的动作经验中,人们的伦理和情绪嵌入身体动作中。这不仅是因为身体活动是延缓老年人认知老化、提高青少年认知功能、改善学生学习习惯、具有较强的抗抑郁效应等的重要因素,而且是因为体育参与是不同身体之间的意义建构过程,如选择坚持健身房训练,实质上就选择了关于健康、美丽的意义,有了关于"马甲线""人鱼线"的追求和展现。如果是定期的团队训练,还会包括伙伴关系、同一品牌的选择等意义行为。在新发展阶段,一方面体育活动参与的日常仪式感增强,马拉松赛、广场健身操、健步走、共享健身仓等就在人们的身边;另一方面体育社交媒体促进了身体锻炼行为与体验的呈现、被关注并互动言说。健身打卡成为具身性的身体记录与管理方式，人们的日常锻炼实现了生活空间、技术场域与具身体验三者的共同在场，每天1万步成为日常问候语。身体活动带来的这类情感愉悦感、社交和谐感、精神饱满感，以及以数据化方式呈现出的自我效能感与目标感，转化为人们积极的生活态度和自我认同，转化为对自我能力与意志的掌控感，转化为敬畏生命、热爱生命的意识，从而成为应对疾病风险感和脆弱感的无形资本。这些体验、认知、意识均依赖跑、跳、蹦、走、扭、舞等具身化动作与过程中。

三、体育与经济社会发展的互动融合效应明显

推进体育强国战略既是强身健体与健全人格培养的需要，又是经济社会发展的重要驱动力。在新发展阶段，体育发展出现了数字化、个性化、居家化转型，出现了体育制造业、体育新零售、智慧体育场馆等发展新模式，小型健身器材销售出现了逆势增长。2021年全国两会聚焦体育场馆的智慧化、冰雪体育产业发展，这能表明国家与社会在贯彻全民健身战略、实施健康中国行动上强化了时代责任，体育日益成为与政治、经济、社会发展联动共振的系统。我国自2019年以来发布的相关体育政策充分凸显出体教、体卫、体医、体旅融合互动发展特征（表7-1），为提升人民身体健康素养提供了新启蒙空间。

表7-1 我国2019年以来发布的体育政策及其特征

发布年份	政策名称	体育与经济社会互动融合特征表现
2019	体育强国建设纲要	实施包括全民健身普及活动工程在内的九项重大工程计划；体育产业成为国民经济支柱性产业

续表

发布年份	政策名称	体育与经济社会互动融合特征表现
2020	关于深化体教融合促进青少年健康发展的意见	提出加强学校体育工作、成立青少年体育俱乐部、完善青少年体育赛事体系等任务,达到推动青少年文化学习和体育锻炼协调发展的目标
2020	国务院办公厅关于加强全民健身场地设施建设发展群众体育的意见	加强全民健身场地设施建设、实施群众体育提升行动、推进互联网+健身、居家健身等
2021	全民健身计划（2021—2025年）	大力发展运动项目产业,积极培育户外运动、智能体育等体育产业;深化体教融合;推动体卫融合;促进体旅融合
2022	关于构建更高水平的全民健身公共服务体系的意见	加强冰雪、山地等户外运动营地及登山道、徒步道、骑行道等设施建设;加快运用5G等新一代信息技术改进场馆管理和赛事服务等

第三节　新时代高校体育生活化推进路径

生活体育是一种理念,体育生活化是一种过程与目标,是将兴趣、健身、休闲、交往、创造等多元价值融于一体的自觉自为与自主选择的过程,具有从微观路径和感知维度介入并改造人的日常生活的现实可能性,体现出社交化、生命化、信仰化特征。现在人们的健康意识进一步觉醒,运动多元价值认同进一步提升,从而促进不同年龄阶段人们健身需求的多样性发展、体育运动场景的多元化发展、身体活动监测的数据化发展。进一步深化生活体育理念，充分实现体育生活化，可以从理念认同、动员参与、政策融通3个层面加以推进发展。

一、推进体育运动多重益处的理解与认可

从个体层面来说，定期的足量的体育活动参与能够预防心脏病、中风、糖尿病、腺癌和结肠癌等慢性疾病，也有助于预防高血压、超重和肥胖，并改善心理健康、生活质量和幸福感，为人们提供了愉悦身心形象管理、关系拓展、身体审美、自我实现、和谐社会等多层面的价值，这在某种意义上构成了人的一种终身发展能力，是人们应对不确定的健康风险的重要方面。从社会发展层面来说，体育作为一种绿色生活方式，不仅会创造充满活力的社会，还会带动旅游、就业和基础设施建设，并能使人们减少使用化石燃料，从而产生净化空气、疏解拥堵、使道路更安全的社会发展效应，进而形成有特色的城市文化、有细分市场的体育产业、有基因传承的体育文化。

从外部生态来说，需要建立"政校社家企"协同推进模式，大力倡导与鼓励生活体育，促进体育活动从个体到团队、到学校、到家庭、到社区、到企业全方位的认同与参与，促进体育活动的社交化转变；需要社会媒体与相关机构、社会组织大力普及全民健身文化，大力弘扬体育精神，讲好体育故事；需要挖掘放大体育锻炼者和运动爱好群体的直觉感受与体验，促进人们在体育活动中感受自我超越和自我完善，树立健康信念，从而让体育走进生活，让生活融入体育，促进全民健康生活方式的形成。

从内部生态来说，学生体育生活化理念最本质的思想是让体育嵌入生活，成为学生日常生活的重要组成部分，而不仅是每周两节体育课时的学习与任务安排。影响这一理念认同的因素有很多，但最为关键的是体育运动价值的认同与推广。这是因为体育育人价值的实现与其他学科专业课程不同，其他学科专业课程多以间接经验学

习为主，而体育活动是通过身体的直接在场参与、团队的合作互动参与来唤醒身体感官的互动、情绪的互动、智力的互动、道德感的互动，从而达成团队协作、沟通交流、共享情感、责任与道德等方面的个人效能与社会适应能力的培养，这是美好生活的旨归之一。因而，学生体育生活化理念认同机制架构的第一步是师生对美好生活理念的认同，追求美好生活的目标感、充实感、成就感与意义感，从而应对网络虚拟无聊感、消极休闲的宅感、非理性消费的炫耀感等。第二步是师生对体育多元价值的理解与认可。体育不仅具有强身健体的价值，还为人们提供了愉悦心情、形象管理、关系拓展、身体审美、自我实现、和谐社会等多层面的价值，这在某种意义上构成了人的一种终身发展能力。第三步是师生对学生体育生活化价值的审视与重视。随着我国改革开放的纵深发展、互联网技术的快速更新，以及高等教育向普及化阶段迈进，学生存在如沉迷网游、精神抑郁、厌学、课堂沉默等状态，而诸多研究表明，体育运动作为一种干预方式，可以改善学生的学习状态，促进学生在不同阶段学习生涯的适应与发展。因而，体育生活化将体育运动嵌入学生宿舍、课堂、校园公共空间，融合在学生的社会实践、专业实习、心理健康教育活动等方方面面，必然会改善与提升学生的整体学习状态与学习氛围。因而，学校应重新审视与重视体育生活化对促进学生全面发展具有的非凡意义。

二、推进体育教育跨领域、跨部门的协同治理

体育健身活动不仅是有氧运动和休闲类的活动，还包括如步行、骑车这样的日常生活运动，也包括武术、龙舟、围棋、健身气功等传统体育文化活动。生活体育本身意味着体育活动成为日常生活场景的重要组成部分。

从外部生态来说，秉承全人群、全生命周期覆盖的原则，让更多的人在日常生活中进行身体锻炼是当前体育部门、卫生部门、教育部门、环境规划部门、交通部门、社区、社会组织等的共同目标。需要建

立和加强跨领域、跨部门的协同治理机制,将体育与健康融入所有部门与所有政策的决策过程,实现体育资源与平台的共享,实现各级各类体育活动或赛事的有序参与。一是体育运动人群的动员与参与。有针对性地分别为儿童、青少年、中年人、老年人等各年龄段人群,以及孕期和产后妇女、残疾人、慢性疾病患者等不同特征人群提供身体活动建议、体育参与空间与机会,实现体育健身需求的精准化供给。二是体育活动空间的动员与参与。动员与促进人们积极地关注或投入体育社会组织、健身活动空间、体育表演活动空间及公共空间(如公共体育场馆、体育小镇、绿地空间、住宅楼体育活动空间、健身APP等)。每一类空间均应具备有效的教练指导与互动载体,增强人们体育运动的具身化体验,提升体育活动参与的持续性。三是体育活动时间的动员与参与。需要建立人们参加体育活动锻炼的运动积分制,人们可以获得个人运动标识,如将健身打卡纳入学习强国积分,将校园阳光跑纳入学生体育课程考核评分体系,从而有效提升人们参与体育活动的积极性与时常性,走向体育生活化。

从内部生态来说,动员参与机制是指学校及相关机构(如政府相关职能部门、社会组织等)基于体育生活化理念,搭建多元平台,采用一定方式影响与促进学生积极参与课内外体育活动,并将体育活动作为日常生活与生命活动基本要素之一的机制。从当前学校体育活动发展实际来看,学生体育生活化动员参与机制可以分别从体育活动空间与体育活动时间两个层面加以谋划与实践。学生体育生活化的空间动员与参与,首先是指体育课堂空间的动员与参与,也就是如何让体育课堂成为生活化课堂,让学生喜欢上体育课堂。一方面,学生体育课程结构应根据高校的办学特点与定位进行重构,在传统的体育活动项目之外,建立与生活有机结合的开放性体育课程和个性化体育课程,以满足学生多元的体育需求。比如,可以将体育课程与生命科学、经济管理科学、信息化技术等学科内容相结合,重构体育课程内容;可以依据学生所学专业的职业发展要求开设课程,如电力专业开展爬杆教学、社会工作专业开展体育游戏教学等；还可依据塑身和素质拓展需求，开设体育欣赏、体育心理相关课程等。另一方面，学生体育课程教学方法要从学、做、练方式走向体验教学方式。体育运动在精神、心理、社会适应方面的价值实现需要依靠体验与反思并积极尝试再行动，其价值才能沉淀内化为人的美好品质。因此，教师要创设丰富多元的体育活动情境，依次引导学生完成"具体体验、反思观察、抽象概括、行动应用"4个递进式的教学内容设计。其次是指体育课外活动空间的动员与参与。学生体育课外活动空间主要包括学生体育社团空间、学生体育竞赛空间、学生体育表演活动空间及校园体育公共空间（如校园跑道、学生公寓体育活动空间等），每一个空间均应具备有效的教师指导、师生互动，同时要将空间中的活动实践列入学生体育课程考核评价体系中，如此，学生参与体育活动的积极性才能得到有效动员，并走向体育生活化。学生体育生活化的时间动员与参与是指将体育活动有计划地渗透到学生的日常生活时间中。第一，学校可以分层分类设计与组织学生日常生活中的体育活动。对高校来说，可以为大一同学组织早操锻炼、为考研的大三学生组织夜跑活动、为有特定兴趣的同学组织阳光长跑运动、为学业发展适应不良的学生提供基于体育活动的团队辅导活动等；第二，学校体育课程可以与学生事务工作中的军训工作、新生适应教育工作、心理咨询工作、党团教育工作结合起来，从而在时间和活动形态上做到广泛覆盖；第三，学校可以在体育典型人物宣传、体育文化氛围营造等方面加大支持与投入，引导和引领学生热爱生活中的体育。

三、推进学生体育参与的规范化与科学化

当前，我国全民健身进入融合发展阶段，生活体育理念的建构有了更多学科、行业、部门之间的协同合作，相应的，需要有制度供给与政策融通，以促进生活体育理念的建构有目标可立、有章可循。《全民健身计划（2021—2025年）》明确指出："到2025年，各运动项目参

与人数持续提升,经常参加体育锻炼的人数比例达到38.5%,县(市、区)、乡镇(街道)、行政村(社区)三级公共健身设施和社区15分钟健身圈实现全覆盖,每4人拥有社会体育指导员2.16名,带动全国体育产业总规模达到5万亿元。"达成这一目标需要人力、财力的专门投入,需要整合融通相关政策规范。

  从外部生态来说,一是各地可依据已有的地理与人文资源,设立全民健身运动促进专项经费,建构有特色的区域化生活体育文化。《上海市运动促进健康三年行动计划(2021—2023年)》制定了长者运动健康之家建设计划,为老年人提供"一站式"运动康养服务;制订了市民运动健身公益补贴计划,持续推进"你运动,我补贴"上海体育消费券配送;制订了社区健康运动会推广计划,推出全国首个以健康为主题的社区运动会——上海社区健康运动会等12项举措,以打造"处处时时人人可健身"的城市活力环境,这种做法值得借鉴与推广。二是建立专门性全民健身促进机构,明确政府体育部门、卫生部门等多部门的各自职责与目标任务,以政策学习与共同研讨的方式促进部门之间政策规范的衔接融通,从而整合利用家庭、社区、社会、行业资源,因地制宜地开展生活体育活动,共同为生活体育创新发展提供保障。比如,城市绿道规划、绿色低碳交通体系规划政策与全民健身场地设施供给政策之间的融通,《关于开展倡导文明健康绿色环保生活方式活动的意见》(2021年)与其他相关政策意见的融通等。三是构建体育生活化评价指标体系,为体育生活化的有序推进提供方向。当前,我国一些大城市社区已尝试建立了包括社区体育服务体系、社区体育社会化程度、居民体育科学素养及锻炼行为和效果、体育家庭4个一级指标及12个二级指标在内的社区体育生活化评价指标体系。这非常值得借鉴和推广。构建城市体育生活化评价指标体系,并纳入政府部门业务考核,从而有效形成生活体育的支持性环境,促进人们身体活动效能感与运动信念的产生,养成终身体育意识,提升健康水平。

从内部生态来说,体育生活化的制度化整合机制是为了促进学生体育生活化的理念与实践更加规范化与科学化,做到有目标可立、有章可循。首先,相关教育部门与学校可以为学生体育生活化提供专项经费,这些经费投入可用于加强基础设施和场地建设,如健身房、各类球馆等;可用于建立校园体育指导员工作站,满足学生个性化需求;也可用于激励与支持学生体育骨干与学生体育俱乐部的活动开展、对外交流等,从而建构有特色的学生生活体育文化。其次,建立学生体育生活化协调机构与团队,从而整合利用社区、社会、相关体育中心的资源,因地制宜地开展生活体育活动,并有针对性地融入学生职业发展、心理发展、社会化发展等活动中。最后,提供更多的体育学习资源与平台,实施"请进来,走出去"策略,协同专业学院、学生管理部门、学生社团和学生社区、居民社区和相关企业共同进行课程开发,通过活动和赛事体系建设及学校体育环境建设,实现体育课上课下一体化贯通。同时,协同体育管理部门和体育类社会组织进行体育教师发展与培养、体育赛事系统设计、赛事运营与管理、运动员与裁判员培养、智慧体育建设、体育大数据研究、体育场地场馆和环境建设等合作,丰富和提高校园体育活动的类型和质量,提升学生参与体育活动的积极性和有效性。从某种意义上来说,促进学生体育生活化,养成终身体育意识,从育人的视角来看,主要在于学校能否提供可持续发展的体育活动平台与个性化体育服务体系,从而实现美好生活的价值与意义追求,实现人的全面发展。

参考文献

[1] 穆瑞杰.大学生体育人文素质的培养与发展研究[M].北京：中国书籍出版社,2019.

[2] 包娅,刘洋.高校体育文化教育研究[M].北京:中国纺织出版社,2018.

[3] 程文广.我国体育教育价值诉求实现障碍的破解机制及路径研究[J].北京体育大学学报,2019,42(1):120-127.

[4] 林晓滔.体教融合背景下学校体育的发展与创新思考[M].北京:人民日报出版社,2022.

[5] 蔺新茂.我国学校体育教学内容研究[M].重庆:重庆大学出版社,2020.

[6] 刘佳,陈明.从体教结合到体教融合——以体育教学为例[J].湖北开放职业学院学报,2021,34(2):138-139.

[7] 刘纯献,刘盼盼,苏亮.体教结合的难点、痛点、堵点与体教融合价值引领的闪光点[J].北京体育大学学报,2021,44(9):13-23.

[8] 常乃军,赵岷,李翠霞.体育与人的全面发展[M].北京:科学出版社,2023.

[9] 陈红星.新媒体时代学校体育教育生态研究[M].北京:科学技术文献出版社,2022.

[10] 曾诚,邓星华.北京冬奥精神与新时代中国国家形象建构研究[J].武汉体育学院学报,2022,56(8):22-27.

[11] 严杰星.新时代大学体育教育革新与反思[M].昆明:云南美术出版社,2020.

[12] 蒋桂芳,严江,钱锋.新时期体育教育理论与实践新探[M].

北京:中国纺织出版社,2018.

[13] 李根,张晓杰,高嵘.奥林匹克价值观教育计划的多维审视[J].体育学刊,2019,26(5):27-34.

[14] 刘海东,李娜娜.文化差异与主体认知:体教融合不可逾越的鸿沟[J].体育与科学,2020,41(5):36-42.

[15] 张连成,刘洁,高淑青,等.锻炼行为促进的助推策略研究综述及启示[J].体育学刊,2021,28(3):63-70.